AF887014

JAKOB SEIWERTH

Zur Zulässigkeit der Verfassungsbeschwerde

NEUE KÖLNER RECHTSWISSENSCHAFTLICHE ABHANDLUNGEN

HERAUSGEGEBEN VON

DER RECHTSWISSENSCHAFTLICHEN FAKULTÄT DER UNIVERSITÄT ZU KÖLN

HEFT 20

Berlin 1962

WALTER DE GRUYTER & CO.

vormals G. J. Göschen'sche Verlagshandlung · J. Guttentag, Verlagsbuchhandlung
Georg Reimer · Karl J. Trübner · Veit & Comp.

Zur Zulässigkeit der Verfassungsbeschwerde gegenüber Grundrechtsverletzungen des Gesetzgebers durch Unterlassen

Von

Dr. Jakob Seiwerth

Köln

Berlin 1962

WALTER DE GRUYTER & CO.

vormals G. J. Göschen'sche Verlagshandlung · J. Guttentag, Verlagsbuchhandlung
Georg Reimer · Karl J. Trübner · Veit & Comp.

Archiv-Nr. 27 08 62 / 20

Satz und Druck: Berliner Buchdruckerei Union GmbH., Berlin SW 61

Alle Rechte, einschließlich des Rechtes der Herstellung
von Fotokopien und Mikrofilmen, vorbehalten

Inhaltsübersicht

Abkürzungs- und Literaturverzeichnis

Anschütz	Gerhard Anschütz, Die Verfassung des Deutschen Reiches vom 11. August 1919, Kommentar, 11. Aufl., Berlin 1929.
Arndt	Adolf Arndt, Die Verfassungsbeschwerde wegen Verletzung des rechtlichen Gehörs, in: Neue Juristische Wochenschrift, 1959, S. 1297 ff.
Assmann	Robert Assmann, Schutz gegen ungerechte Gesetze durch das Bundesverfassungsgericht, Diss. Freiburg 1954.
Bachof, Besprechung	Otto Bachof, Besprechung des Kommentars zum Grundgesetz von von Mangoldt-Klein, 2. Aufl., 1957, in: Ehe und Familie im privaten und öffentlichen Recht, Zeitschrift für das gesamte Familienrecht, 1956, S. 398 ff.
Bachof, Freiheit	Derselbe, Freiheit des Berufs, in: Die Grundrechte, Bd. 3, 2. Halbband, S. 155 ff., hrsg. von Karl August Bettermann, Hans Carl Nipperdey, Ulrich Scheuner, Berlin 1959.
Bachof, Rechtsstaat	Derselbe, Begriff und Wesen des sozialen Rechtsstaates, in: Veröffentlichungen der Vereinigung der Deutschen Staatsrechtslehrer, Heft 12, Berlin 1954, S. 37 ff.
Bachof, Reflexwirkungen	Derselbe, Reflexwirkungen und subjektive Rechte im öffentlichen Recht, in: Forschungen und Berichte aus dem öffentlichen Recht, S. 287 ff., München 1955 = Veröffentlichungen des Instituts für Staatslehre und Politik e. V., Mainz, Bd. 6.
Bachof, Verfassungsnormen	Derselbe, Verfassungswidrige Verfassungsnormen, Tübingen 1951.
Bachof, Vornahmeklage	Derselbe, Die verwaltungsgerichtliche Klage auf Vornahme einer Amtshandlung, Tübingen 1951.
BAGE	Entscheidungen des Bundesarbeitsgerichts, Bd. 2, S. 221 ff.
BAG, NJW	Dasselbe, in: NJW, 1957, S. 805 ff.
Bettermann, Grundrechte	Karl August Bettermann, Der Schutz der Grundrechte in der ordentlichen Gerichtsbarkeit, in: Die Grundrechte, Bd. 3, 2. Halbband, S. 779 ff., hrsg. von Karl August Bettermann, Hans Carl Nipperdey, Ulrich Scheuner, Berlin 1959.
Bettermann, Unabhängigkeit	Derselbe, Die Unabhängigkeit der Gerichte und der gesetzliche Richter, in: Die Grundrechte, Bd. 3, 2. Halbband, S. 523 ff., hrsg. von Karl August Bettermann, Hans Carl Nipperdey, Ulrich Scheuner, Berlin 1959.

Bettermann, Verpflichtungsklage	Derselbe, Die Verpflichtungsklage nach der Bundesverwaltungsgerichtsordnung, in: NJW, 1960, S. 649 ff.
BFH	Entscheidung des Bundesfinanzhofes, in: NJW, 1960, S. 71 f.
BGH, NJW	Entscheidungen des Bundesgerichtshofes in Zivilsachen, in: NJW, 1954, S. 1079 ff.; 1955, S. 104 f.; 1958, S. 1344 f.
BGHZ	Entscheidungen des Bundesgerichtshofes in Zivilsachen, Bd. 13, S. 265 ff.; Bd. 15, S. 113 ff.; Bd. 27, S. 284 ff.
Bonner Kommentar/Bearbeiter	Mehrere Bearbeiter, Kommentar zum Bonner Grundgesetz, Bonner Kommentar, Hamburg 1950 ff.
Böckenförde	Werner Böckenförde, Der Allgemeine Gleichheitssatz und die Aufgabe des Richters, Berlin 1957 = Münsterische Beiträge zur Rechts- und Staatswissenschaft, Heft 5.
Brunner	Richard Brunner, Die verfassungsrechtliche Stellung des unehelichen Kindes, Diss. Würzburg 1958.
BSG	Entscheidung des Bundessozialgerichts, in: NJW, 1959, S. 2037 ff.
BVerfGE	Entscheidungen des Bundesverfassungsgerichts, Bd. 1, S. 14 ff.; Bd. 1, S. 97 ff.; Bd. 1, S. 299 ff.; Bd. 1, S. 332 ff.; Bd. 2, S. 225 ff.; Bd. 2, S. 237 ff.; Bd. 2, S. 287 ff.; Bd. 2, S. 336 ff.; Bd. 3, S. 58 ff.; Bd. 3, S. 162 ff.; Bd. 3, S. 288 ff.; Bd. 3, S. 383 ff.; Bd. 4, S. 7 ff.; Bd. 4, S. 27 ff.; Bd. 4, S. 205 ff.; Bd. 4, S. 219 ff.; Bd. 6, S. 32 ff.; Bd. 6, S. 257 ff.; Bd. 6, S. 273 ff.; Bd. 6, S. 445 ff.; Bd. 7, S. 129 ff.; Bd. 7, S. 377 ff.; Bd. 8, S. 1 ff.; Bd. 8, S. 38 ff.; Bd. 8, S. 155 ff.; Bd. 8, S. 274 ff.; Bd. 9, S. 338 ff.
BVerfG, NJW	Dasselbe, in: NJW, 1951, S. 877 f.; 1952, S. 20; 1952, S. 297 ff.; 1952, S. 737; 1953, S. 817; 1953, S. 1059 f.; 1953, S. 1097; 1954, S. 27 f.; 1955, S. 17; 1955, S. 1313; 1957, S. 417 ff.; 1957, S. 584 f.; 1957, S. 665 f.; 1957, S. 1025 f.; 1957, S. 1065; 1958, S. 97; 1958, S. 257 ff.; 1958, S. 1035 ff.; 1958, S. 1227 f.; 1958; S. 1228 ff.; 1958, S. 2059 ff.; 1959, S. 475 ff.; 1959, S. 981 f.; 1959 S. 1579 ff.
BVerwGE	Entscheidungen des Bundesverwaltungsgerichts, Bd. 1, S. 159; Bd. 5, S. 164 f.
BVerwG, NJW	Dasselbe, in: NJW, 1959, S. 1098 f.
Canter	Karl Canter, Gleichberechtigung und Richterrecht, in: NJW, 1953, S. 850 f.
Darmstaedter	Franz Darmstaedter, Die Geltung der Grundrechte heute, in: Der Betriebsberater, 1957, S. 1 ff.

Denecke	Johannes Denecke, Mutterschutz und Jugendschutz, in: Die Grundrechte, Bd. 3, 1. Halbband, S. 475 ff., hrsg. von Karl August Bettermann, Hans Carl Nipperdey und Ulrich Scheuner, Berlin 1958.
v. Doemming-Füßlein-Matz	Klaus-Berto von Doemming, Rudolf Werner Füßlein, Werner Matz, Entstehungsgeschichte der Artikel des Grundgesetzes, Tübingen 1951 = Jahrbuch des öffentlichen Rechts der Gegenwart, Neue Folge, Bd. 1.
Dürig, Gleichheit	Günter Dürig, Artikel: „Gleichheit", in: Staatslexikon, 6. Aufl., Bd. 3, S. 983 ff., hrsg. von der Görres-Gesellschaft, Freiburg 1959.
Dürig, Menschenauffassung	Derselbe, Die Menschenauffassung des Grundgesetzes, in: Juristische Rundschau, 1952, S. 259 ff.
Dürig, Menschenwürde	Derselbe, Der Grundrechtssatz von der Menschenwürde, in: Archiv für öffentliches Recht, Bd. 81, S. 117 ff.
Dürig, Verfassung	Derselbe, Verfassung und Verwaltung im Wohlfahrtsstaat, in: Juristenzeitung, 1953, S. 193 ff.
Enneccerus-Nipperdey	Ludwig Enneccerus, Allgemeiner Teil des Bürgerlichen Rechts, 14. Aufl. von Hans Carl Nipperdey, 1. Halbband, Tübingen 1952 = Ludwig Enneccerus, Theodor Kipp, Martin Wolff, Lehrbuch des Bürgerlichen Rechts, Bd. 1.
Esser	Josef Esser, Grundsatz und Norm in der richterlichen Fortbildung des Privatrechts, Tübingen 1956.
Forsthoff, Lehrbuch I	Ernst Forsthoff, Lehrbuch des Verwaltungsrechts, Bd. 1, Allgemeiner Teil, 7. Aufl., München und Berlin 1958.
Forsthoff, Maßnahmegesetze	Derselbe, Über Maßnahmegesetze, in: Forschungen und Berichte aus dem öffentlichen Recht, S. 221 ff., München 1955 = Veröffentlichungen des Instituts für Staatslehre und Politik e. V., Mainz, Bd. 6.
Forsthoff, Umbildung	Derselbe, Die Umbildung des Verfassungsgesetzes, in: Festschrift für Carl Schmitt, S. 35 ff., Berlin 1959.
Fuss	Ernst-Werner Fuß, Gleichheitssatz und Richtermacht, in: JZ, 1959, S. 329 ff.
Geiger, Gleichheitssatz	Willi Geiger, Der Gleichheitssatz und der Gesetzgeber, in: Staats- und Verwaltungswissenschaftliche Beiträge, S. 167 ff., Speyer 1957, hrsg. von der Hochschule für Verwaltungswissenschaften.
Geiger, Grundrechte	Derselbe, Artikel: „Grundrechte", in: Staatslexikon, 6. Aufl., Bd. 3, S. 1122 ff., hrsg. von der Görres-Gesellschaft, Freiburg 1959.
Geiger, Kommentar	Derselbe, Kommentar zum Gesetz über das Bundesverfassungsgericht, Berlin und Frankfurt a. M. 1952.
Geiger, Rechtsprechung	Derselbe, Grundrechte und Rechtsprechung, München, Copyright 1959.

Genzmer	Felix Genzmer, Verwaltungsgerichtsbarkeit, in: Handbuch des Deutschen Staatsrechts, 2. Bd., S. 506 ff., hrsg. von Gerhard Anschütz und Richard Thoma, Tübingen 1932.
Gerber	Hans Gerber, Die Sozialstaatsklausel des Grundgesetzes, in: AöR, Bd. 81, S. 1 ff.
Gross	Werner Gross, Die Rechtsstellung des Empfängers der Hilfe im neuen Fürsorgerecht, in: Die Neuordnung des Fürsorgerechts als Teil einer Sozialreform, S. 364 ff., Köln—Berlin 1958 = Schriften des Deutschen Vereins für öffentliche und private Fürsorge.
Hamann, Ermessensfreiheit	Andreas Hamann, Die Ermessensfreiheit der Gesetzgebung, in: NJW, 1955, S. 969 ff.
Hamann, Kommentar	Derselbe, Das Grundgesetz, Ein Kommentar für Wissenschaft und Praxis, Berlin, Neuwied, Darmstadt 1956.
Hamann, Rechtsprechung	Derselbe, Die Rechtsprechung des Bundesverfassungsgerichts über den Gleichheitssatz, in: NJW, 1957, S. 2 ff.
Hamann, Willkür	Derselbe, Willkür im objektiven Sinne, in: NJW, 1956, S. 370.
Hamann, Wirtschaftsverfassungsrecht	Derselbe, Deutsches Wirtschaftsverfassungsrecht, Neuwied 1958.
Hamel	Walter Hamel, Die Bedeutung der Grundrechte im sozialen Rechtsstaat, Berlin 1957.
Henze	Karl-Otto Henze, Verwaltungsrechtliche Probleme der staatlichen Finanzhilfe zugunsten Privater, Heidelberg 1958 = Heidelberger Rechtswissenschaftliche Abhandlungen, 4. Abhandlung, Neue Folge.
Hesse	Konrad Hesse, Der Gleichheitsgrundsatz im Staatsrecht, in: AöR, Bd. 77, S. 167 ff.
Hinderling	Adrian Hinderling, Die reformatorische Verwaltungsgerichtsbarkeit, Winterthur 1957 = Sammlung Schweizerischer Dissertationen, Rechts- und staatswissenschaftliche Reihe, Band 4.
v. Hippel, Gewaltenteilung	Ernst von Hippel, Gewaltenteilung im modernen Staat, Köln 1950.
v. Hippel, Grundlegung	Derselbe, Über die Notwendigkeit einer Metaphysischen Grundlegung der Rechtstheorie, in: Ernst von Hippel, Mechanisches und moralisches Rechtsdenken, S. 29 ff., Meisenheim am Glan 1959.
v. Hippel, Kritik	Derselbe, Zur Kritik einiger Grundbegriffe der „Reinen Rechtslehre“ Kelsens, in: Ernst v. Hippel, Mechanisches und moralisches Rechtsdenken, S. 15 ff., Meisenheim am Glan 1959.

v. Hippel, Naturrecht — Derselbe, Naturrecht und Menschenwürde im Bonner Grundgesetz, in: Ernst v. Hippel, Mechanisches und moralisches Rechtsdenken, S. 363 ff., Meisenheim am Glan 1959.

v. Hippel, Prüfungsrecht — Derselbe, Das richterliche Prüfungsrecht, in: Handbuch des Deutschen Staatsrechts, Bd. 2, S. 546 ff., hrsg. von Gerhard Anschütz und Richard Thoma, Tübingen 1932.

v. Hippel, Verbindlichkeit — Derselbe, Über die Verbindlichkeit der Gesetze, in: Ernst v. Hippel, Mechanisches und moralisches Rechtsdenken, S. 66 ff., Meisenheim am Glan 1959.

v. Hippel, Verfassungsrecht — Derselbe, Ungeschriebenes Verfassungsrecht, in: Ernst von Hippel, Mechanisches und moralisches Rechtsdenken, S. 381 ff., Meisenheim am Glan 1959.

Huber, E. R., Bedeutungswandel — Ernst Rudolf Huber, Bedeutungswandel der Grundrechte, in: AöR, Neue Folge, Bd. 23, S. 1 ff.

Huber, E. R., Wirtschaftsverfassungsrecht — Derselbe, Der Streit um das Wirtschaftsverfassungsrecht, in: Deutsche Öffentliche Verwaltung, 1956, S. 97 ff., S. 135 ff., S. 172 ff. und S. 200 ff.

Huber, H., Verfassungsbeschwerde — Hans Huber, Die Verfassungsbeschwerde, Karlsruhe 1954 = Schriftenreihe der Juristischen Studiengesellschaft, Heft 9.

Huber, H., Verfassungsrechte — Derselbe, Soziale Verfassungsrechte, in: Die Freiheit des Bürgers im Schweizerischen Recht, S. 149 ff., Zürich 1948.

Husserl — Gerhart Husserl, Negatives Sollen im bürgerlichen Recht = Veröffentlichungen der Schleswig-Holsteinischen Universitätsgesellschaft, Bd. 33, Breslau 1931.

Hübner — Konrad Hübner, Die künftige Rechtsstellung des unehelichen Kindes, Berlin 1954.

Ipsen — Hans Peter Ipsen, Gleichheit, in: Die Grundrechte, Bd. 2, S. 111 ff., hrsg. von Franz L. Neumann, Hans Carl Nipperdey und Ulrich Scheuner, Berlin 1955.

Jahrreiss, Freiheit — Hermann Jahrreiss, Freiheit und Sozialstaat, in: Hermann Jahrreis, Mensch und Staat, S. 69 ff., Köln, Berlin 1957.

Jahrreiss, Größe — Derselbe, Größe und Not der Gesetzgebung, in: Hermann Jahrreiss, Mensch und Staat, S. 17 ff., Köln, Berlin 1957.

Jahrreiss, Herrschaft — Derselbe, Herrschaft nach dem Maß des Menschen, in: Hermann Jahrreiss, Mensch und Staat, S. 1 ff., Köln, Berlin 1957.

Jellinek, G., Gesetz — Georg Jellinek, Gesetz und Verordnung, Neudruck, Tübingen 1919.

Jellinek, G., Staatslehre — Derselbe, Allgemeine Staatslehre, 3. Aufl., 6. Neudruck, Darmstadt 1959.

Jellinek, G., System	Derselbe, System der subjektiven öffentlichen Rechte, 2. Aufl., Tübingen 1905.
Jellinek, W., Gesetz	Walter Jellinek, Gesetz, Gesetzesanwendung und Zweckmäßigkeitserwägung, Tübingen 1913.
Jellinek, W., Verwaltungsrecht	Derselbe, Verwaltungsrecht, 3. Aufl., Offenburg 1948.
Jerusalem	Franz Jerusalem, Die Grundrechte des Bonner Grundgesetzes und ihre Durchsetzung in der Rechtsprechung, in: Süddeutsche Juristenzeitung, 1950, Sp. 1 ff.
Kaufmann, Grundrechte	Erich Kaufmann, Grundrechte und Wohlfahrtsstaat, in: Recht — Staat — Wirtschaft, Bd. 4, S. 77 ff., Düsseldorf 1953.
Kern	Ernst Kern, Aspekte des Verwaltungsrechts im Industriezeitalter, in Festschrift für Carl Schmitt, S. 81 ff., Berlin 1959.
Kelsen	Hans Kelsen, Hauptprobleme der Staatsrechtslehre, 1. Aufl., Tübingen 1911.
Krüger, Herb., Einschränkung	Herbert Krüger, Die Einschränkung von Grundrechten nach dem Grundgesetz, in: Deutsches Verwaltungsblatt, 1950, S. 625 ff.
Krüger, Herb., Sozialisierung	Derselbe, Sozialisierung, in: Die Grundrechte, Bd. 3, 2. Halbband, S. 267 ff., hrsg. von Karl August Bettermann, Hans Carl Nipperdey, Ulrich Scheuner, Berlin 1959.
Krüger, Hildeg., Gleichbehandlungsgrundsatz	Hildegard Krüger, Der Gleichbehandlungsgrundsatz als Rechtsgrundlage öffentlich-rechtlicher Gruppenrechte, in: DVBl, 1955, S. 178 ff. und S. 208 ff.
Krüger, Hildeg., Programmsatz	Dieselbe, Art. 6, Abs. 5 GG ein Programmsatz?, in: DÖV, 1957, S. 356 ff.
Küchenhoff	Günther Küchenhoff, Gleichheit und Ungleichheit im Verfassungsrecht, in: JR, 1959, S. 281 ff.
Künkele	Siegfried Künkele, Die positiv-rechtlichen Auswirkungen des Art. 1, Abs. 1, S. 1 GG, Diss. Tübingen 1958.
Lechner, Kommentar	Hans Lechner, Kommentar zum Gesetz über das Bundesverfassungsgericht, München und Berlin 1954 mit Ergänzungsband 1957.
Lechner, Zulässigkeit	Derselbe, Zur Zulässigkeit der Verfassungsbeschwerde gegen Unterlassungen des Gesetzgebers, in: NJW, 1955, S. 1817 ff.
Leibholz, Bedrohung	Gerhard Leibholz, Die Bedrohung der Freiheit durch die Macht des Gesetzgebers, in: „Universitas", Zeitschrift für Wissenschaft, Kunst und Literatur, Heft 5, S. 459 ff., 1959.

Leibholz, Begriffsbildung	Derselbe, Zur Begriffsbildung im öffentlichen Recht, in: Gerhard Leibholz, Strukturprobleme der modernen Demokratie, S. 262 ff., Karlsruhe 1958.
Leibholz, Gleichheit	Derselbe, Die Gleichheit vor dem Gesetz. Eine Studie auf rechtsvergleichender und rechtsphilosophischer Grundlage, 2. Aufl., München und Berlin 1959.
Leibholz, Strukturwandel	Derselbe, Der Strukturwandel der modernen Demokratie, in: Gerhard Leibholz, Strukturprobleme der modernen Demokratie, S. 78 ff., Karlsruhe 1958.
Leibholz, Verfassungsrecht	Derselbe, Verfassungsrecht und Verfassungswirklichkeit, in: Gerhard Leibholz, Strukturprobleme der modernen Demokratie, S. 277 ff., Karlsruhe 1958.
Leisner	Walter Leisner, Grundrechte und Privatrecht = Münchener öffentlich-rechtliche Abhandlungen, hrsg. von Friedrich August von der Heydte und Theodor Maunz, Heft 1.
LG Stuttgart	Entscheidung des Landgerichts Stuttgart, in: NJW, 1958, S. 1730 ff.
Löw, Grundrechtsbegriff	Konrad Löw, Der Grundrechtsbegriff der Bayerischen Verfassung und ihre Grundrechte, Diss. München 1957.
Löw, Würde	Derselbe, Ist die Würde des Menschen eine Anspruchsgrundlage?, in: DÖV, 1958, S. 516 ff.
v. Mangoldt-Klein	Hermann von Mangoldt, Das Bonner Grundgesetz, Kommentar, 2. Aufl. von Friedrich Klein, Berlin und Frankfurt a. M. 1957.
Maunz-Dürig	Theodor Maunz und Günter Dürig, Kommentar zum Grundgesetz, München und Berlin 1958 ff.
Maunz, Ehe und Familie	Theodor Maunz, Die verfassungsrechtliche Gewähr von Ehe und Familie, Art. 6 GG, in: FamRZ, 1956, S. 1 ff.
Maunz, Normen	Derselbe, Starke und schwache Normen in der Verfassung, in: Verfassung und Verwaltung, S. 141 ff., München 1952 = Veröffentlichungen des Instituts für Staatslehre und Politik e. V., Mainz, Bd. 3.
Maunz, Staatsrecht	Derselbe, Deutsches Staatsrecht, 7. Aufl. München und Berlin 1958.
Maurach	Reinhart Maurach, Deutsches Strafrecht, Allgemeiner Teil, Karlsruhe 1954.
Menger	Christian-Friedrich Menger, Der Schutz der Grundrechte in der Verwaltungsgerichtsbarkeit, in: Die Grundrechte, 3. Bd., 2. Halbband, S. 717 ff., hrsg. von Karl August Bettermann, Hans Carl Nipperdey, Ulrich Scheuner, Berlin 1959.
Mezger	Edmund Mezger, Strafrecht, Ein Lehrbuch, 3. Aufl., Berlin und München 1949.

v. Münch	Ingo von Münch, Die Bindung des Gesetzgebers an den Gleichheitssatz bei Gewährung von Subventionen, in: AöR, Bd. 85, S. 270 ff.
Nawiasky	Hans Nawiasky, Allgemeine Rechtslehre als System der rechtlichen Grundbegriffe, 2. Aufl., Einsiedeln-Zürich-Köln 1948.
Nipperdey	Hans Carl Nipperdey, Die Würde des Menschen, in: Die Grundrechte, Bd. 2, S. 1 ff., hrsg. von Franz L. Neumann, Hans Carl Nipperdey und Ulrich Scheuner, Berlin 1955.
Nöfer	Günter Nöfer, Die Grundrechte und ihre Verbindlichkeit für die Gesetzgebung, Diss. Köln 1955.
OGH	Entscheidungen des Obersten Gerichtshofes für die Britische Zone, Bd. 2, S. 123 ff.
Peperoni	Sigismund Peperoni, Der Unterschied zwischen Gebot und Verbot, Diss. München 1957.
Peters, Lehrbuch	Hans Peters, Lehrbuch der Verwaltung, Berlin-Göttingen-Heidelberg 1949.
Peters, Verwaltungsstaat	Derselbe, Der Kampf um den Verwaltungsstaat, in: Verfassung und Verwaltung, S. 19 ff., München 1952 = Veröffentlichungen des Instituts für Staatslehre und Politik e. V., Mainz, Bd. 3.
Pfeiffer	Gerd Pfeiffer, Die Verfassungsbeschwerde in der Praxis. Essen 1959.
Pinger	Winfried Pinger, Rechtswidrige Unterlassung des Gesetzgebers als Verstoß gegen Art. 2 des Grundgesetzes, Diss. Köln 1957.
Planitz	Hans Planitz, Zur Ideengeschichte der Grundrechte, in: Die Grundrechte und Grundpflichten der Reichsverfassung, 3. Bd., S. 598 ff., hrsg. von Hans Carl Nipperdey, Berlin 1930.
Räth	Michael Räth, Das Problem der Unmittelbarkeit von Art. 1, Abs. 1 des Bonner Grundgesetzes, Diss. Würzburg 1958.
Reimers	Walter Reimers, Die Bedeutung der Grundrechte für das Privatrecht, Hamburg, o. J. = Veröffentlichungen der Gesellschaft Hamburger Juristen, Heft 5.
Reuß	Hermann Reuß, Freiheit und Bindung der Verwaltung im Rechtsstaat, in: DVBl. 1959, S. 533 ff.
Rinck	Hans-Justus Rinck, Die Vorprüfung der Verfassungsbeschwerde, in: NJW, 1959, S. 169 ff.
Scheuner, Garantien	Ulrich Scheuner, Die institutionellen Garantien des Grundgesetzes, in: RStW, Bd. 4, S. 88 ff.
Scheuner, Grundfragen	Derselbe, Grundfragen des modernen Staates, in: RStW, Bd. 3, S. 126 ff.

Schmitt, Freiheitsrechte	Carl Schmitt, Freiheitsrechte und institutionelle Garantien der Reichsverfassung, in: Carl Schmitt, Verfassungsrechtliche Aufsätze aus den Jahren 1924—1954, S. 140 ff., Berlin 1958.
Schmitt, Grundrechte	Derselbe, Grundrechte und Grundpflichten, in: Carl Schmitt, Verfassungsrechtliche Aufsätze, S. 181 ff., Berlin 1958.
Schmitt, Legalität	Derselbe, Legalität und Legitimität, in: Carl Schmitt, Verfassungsrechtliche Aufsätze, S. 263 ff., Berlin 1958.
Schmitt, Reichsgericht	Derselbe, Das Reichsgericht als Hüter der Verfassung, in: Carl Schmitt, Verfassungsrechtliche Aufsätze, S. 63 ff., Berlin 1958.
Schmitt, Verfassungslehre	Derselbe, Verfassungslehre, 3. Aufl., Berlin 1957.
Schmitt, Verfassungsvollzug	Derselbe, Rechtsstaatlicher Verfassungsvollzug. Ein Rechtsgutachten, in: Carl Schmitt, Verfassungsrechtliche Aufsätze, S. 452 ff., Berlin 1958.
Schneider	Hans Schneider, Verfassungsrechtliche Vorfragen zur Gleichberechtigung von Mann und Frau, in: NJW, 1953, S. 889 ff.
Smend, Bürger	Rudolf Smend, Bürger und Bourgeois im deutschen Staatsrecht, in: Rudolf Smend, Staatsrechtliche Abhandlungen, S. 309 ff., Berlin 1955.
Smend, Verfassung	Derselbe, Verfassung und Verfassungsrecht, in: Rudolf Smend, Staatsrechtliche Abhandlungen, S. 119 ff., Berlin 1955.
Stein	Arno Stein, Das Recht auf Arbeit als Grundrecht, Diss. Mainz 1959.
Stier-Somlo	Fritz Stier-Somlo, Das Preußische Verfassungsrecht, Bonn 1922.
Tammelo	Ilmar Tammelo, Untersuchungen zum Wesen der Rechtsnorm, 1947, o. O.
Thoma, Grundbegriffe	Richard Thoma, Grundbegriffe und Grundrechte, in: Handbuch des Deutschen Staatsrechts, Bd. 2 S. 108 ff., hrsg. von Gerhard Anschütz und Richard Thoma, Tübingen 1932.
Thoma, Grundrechte	Derselbe, Grundrechte und Polizeigewalt, in: Festgabe für das preußische Oberverwaltungsgericht, S. 183 ff., Berlin 1925.
Thoma, System	Derselbe, Das System der subjektiven öffentlichen Rechte und Pflichten, in: Handbuch des Deutschen Staatsrechts, Bd. 2, S. 607 ff., hrsg. von Gerhard Anschütz und Richard Thoma, Tübingen 1932.
Thoma, Ungleichheit	Derselbe, Ungleichheit und Gleichheit im Bonner Grundgesetz, in: DVBl. 1951, S. 457 ff.

Thoma, Über die Grundrechte	Derselbe, Über die Grundrechte im Grundgesetz für die Bundesrepublik Deutschland, in: RStW, Bd. 3, S. 9 ff., Düsseldorf 1951.
Thon	August Thon, Rechtsnorm und subjektives Recht, Weimar 1878.
v. Turegg	Kurt Egon von Turegg, Gefährliche und gefährdete Generalklausel = Prozeßrechtliche Abhandlungen, Heft 22, Berlin-Köln 1956.
VerfGH	Urteil des Verfassungsgerichtshofes von Rheinland-Pfalz, in: NJW, 1959, S. 1628 f.
Voigt	Alfred Voigt, Geschichte der Grundrechte, Stuttgart 1948.
Weber	Werner Weber, Die Teilung der Gewalten als Gegenwartsproblem, in: Festschrift für Carl Schmitt, S. 253 ff., Berlin 1959.
Werner	Fritz Werner, Sozialstaatliche Tendenzen in der Rechtsprechung, in: AöR, Bd. 81, S. 84 ff.
Wertenbruch	Wilhelm Wertenbruch, Grundgesetz und Menschenwürde, Köln und Berlin 1958.
Wessel	Franz Wessel, Die Rechtsprechung des Bundesverfassungsgerichts zur Verfassungsbeschwerde, in: DVBl. 1952, S. 161 ff.
Winkelvoss	Reimer Winkelvoss, Das Recht auf ausreichende Wohnung, in: NJW, 1958, S. 2000 ff.
Wintrich, Eigenart	Josef M. Wintrich, Über Eigenart und Methode verfassungsgerichtlicher Rechtsprechung, in: Verfassung und Verwaltung, S. 227 ff., München 1952 = Veröffentlichungen des Instituts für Staatslehre und Politik e. V., Mainz, Bd. 3.
Wintrich, Problematik	Derselbe, Zur Problematik der Grundrechte = Arbeitsgemeinschaft für Forschung des Landes Nordrhein-Westfalen, Heft 71, o. O., o. J.
Wintrich-Lechner	Josef M. Wintrich, Hans Lechner, Die Verfassungsgerichtsbarkeit, in: Die Grundrechte, Bd. 3, 2. Halbband, S. 643 ff., hrsg. von Karl August Bettermann, Hans Carl Nipperdey, Ulrich Scheuner, Berlin 1958.
Wolff	Hans J. Wolff, Rechtsgrundsätze und verfassungsgestaltende Grundentscheidungen als Rechtsquellen, in: Forschungen und Berichte aus dem öffentlichen Recht, S. 33 ff., München 1955 = Veröffentlichungen des Instituts für Staatslehre und Politik e. V., Mainz, Bd. 6.
Zeidler, K.	Karl Zeidler, Nachprüfung von Gesetzen im Rahmen der Verfassungsbeschwerde gem. §§ 90 ff. BVerfGG, in: DÖV, 1954, S. 420 ff.
Zeidler, W.	Wolfgang Zeidler, Die Aktualität des Gleichheitssatzes nach dem Bonner Grundgesetz, in: DÖV, 1952, S. 4 ff.

EINLEITUNG

Als neuartiges Instrument zum Schutz der Grundrechte hat das Gesetz über das Bundesverfassungsgericht vom 12. März 1951 in seinen §§ 90 ff. das Rechtsinstitut der Verfassungsbeschwerde ins deutsche Rechtsleben eingeführt, das im Zusammenhang mit der ebenfalls neuartigen Grundrechtsbindung des Gesetzgebers bislang ungewohnte Probleme aufgeworfen hat. Hierzu gehört die ebenso aktuelle wie in ihrer Tragweite erregende Frage, ob der Gesetzgeber Grundrechte auch durch Unterlassen gesetzgeberischer Tätigkeit verletzen kann und ob eine etwaige Grundrechtswidrigkeit dieses Unterlassens mit Hilfe der Verfassungsbeschwerde der Kontrolle des Bundesverfassungsgerichts unterworfen werden kann.

Staatsrechtslehre und Verfassungsrechtsprechung haben bislang in seltener Einmütigkeit die Möglichkeit verfassungswidriger Grundrechtsverletzungen durch legislatorisches Unterlassen verneint, weil wie es in der ersten einschlägigen Entscheidung des Bundesverfassungsgerichts heißt, es „in der Natur der Sache liegt, daß der einzelne Staatsbürger grundsätzlich keinen gerichtlich verfolgbaren Anspruch auf ein Handeln des Gesetzgebers haben kann"[1]). Dementsprechend beschränkte sich der bisher gegen Grundrechtsverletzungen durch den Gesetzgeber gewährte verfassungsgerichtliche Rechtsschutz auf die Überprüfung positiver Rechtsetzungsakte.

Die vorliegende Studie erstrebt demgegenüber, zu einer Rechtsschutzerweiterung gegenüber dem parlamentarischen Gesetzgeber zu gelangen. Von diesem Anliegen ausgehend, macht sie zum Gegenstand ihrer Untersuchung die Frage, ob und bejahendenfalls unter welchen Voraussetzungen Grundrechtsverletzungen durch Unterlassen des Gesetzgebers zur Nachprüfung durch das Bundesverfassungsgericht gestellt werden können.

Die Lösung dieser Frage versucht sie im einzelnen wie folgt: Bei der Neuartigkeit der Problemstellung und dem historischen Verbotscharakter der Grundrechte, der ihrer Verletzung durch bloße Untätigkeit entgegenzustehen scheint, schien es geboten, in einem ersten Abschnitt eine Darstellung über Struktur und Funktion der Grundrechte vorauszuschicken, deren Wandel nicht ohne Einfluß auf Form und Inhalt des gerichtlichen Grundrechtsschutzes bleiben konnte. Denn nur auf der Grundlage einer Besinnung auf Rechtsnatur und Funktion

---

[1]) BVerfG, NJW, 1952, S. 297 l. (Beschl. v. 19. 12. 1951 — 1 BvR 220/51).

der Grundrechte in Vergangenheit und Gegenwart erschließt sich das Verständnis für die Folgerichtigkeit der Frage nach der Möglichkeit verfassungswidriger Grundrechtsverletzungen durch Unterlassen des Gesetzgebers.

Im zweiten und dritten Abschnitt werden sodann diejenigen Voraussetzungen aufgezeigt, die vorliegen müssen, damit eine hiergegen gerichtete Verfassungsbeschwerde die Gefahr prozessualer Abweisung vermeiden und in den Bereich sachlich-rechtlicher Prüfung gelangen kann. Den Kern der Untersuchung bildet dabei entsprechend dem Schwerpunkt der Problematik der zweite Abschnitt, in dem vor den allgemeinen Zulässigkeitsvoraussetzungen, die für alle Verfassungsbeschwerden erforderlich sind, gleichviel, ob sie sich gegen ein positives Tun oder gegen ein negatives Verhalten der öffentlichen Gewalt wenden, die besonderen, nur durch die Eigenart einer Unterlassungsbeschwer bedingten prozessualen Erfordernisse erörtert werden. Es versteht sich jedoch von selbst, daß die Aufgabe des zweiten und dritten Abschnitts nicht darin bestehen kann, allen nach dem Katalog des § 90 BVerfGG denkbaren Fällen von Grundrechtsverletzungen durch Unterlassen des Gesetzgebers nachzugehen, sondern daß die Zulässigkeitsbedingungen einer Unterlassungsrüge nur allgemein aufgezeigt werden können. Auf Einzelgrundrechte wird daher nur zur beispielhaften Erläuterung zurückgegriffen. Aus den in Frage kommenden Grundrechtsnormen sind zu diesem Zweck allerdings solche ausgewählt worden, bei denen die einschlägige Problematik in der Gesetzgebungspraxis der Gegenwart und der Zukunft einen hohen Aktualitätsbezug aufweist.

In einem ausleitenden Teil werden schließlich die wichtigsten Ergebnisse der vorangegangenen Untersuchung zusammengefaßt und abschließend gewürdigt.

Mit der Frage nach der Möglichkeit grundrechtswidriger Unterlassungen des Gesetzgebers und ihrer Beschwerdefähigkeit nach den Vorschriften der §§ 90 ff. BVerfGG macht die vorliegende Arbeit ein literarisch bislang kaum behandeltes Thema erstmalig zum Gegenstand einer verfassungsrechtlichen Grundlagenuntersuchung. Richtungsweisende Ansätze zur Lösung dieser ebenso neuartigen wie bewegenden Fragestellung sind zuerst in der Rechtsprechung des Bundesverfassungsgerichts hervorgetreten[2]), das noch in seinem Beschluß vom 19. 12. 1951 mit Recht feststellen konnte, nicht nur aus der deutschen, sondern auch aus der Rechtsprechung des bayerischen, des schweizerischen und des Verfassungsgerichts der Vereinigten Staaten sei kein Fall bekannt, der eine Unterlassung des Gesetzgebers zum

---

[2]) So insbesondere BVerfGE, Bd. 6, S. 264 (Beschl. v. 20. 2. 1957 — 1 BvR 441/53) = NJW, 1957, S. 584.

Gegenstand gehabt habe[3]). Angesichts der Neuartigkeit der verfassungsrechtlichen Problematik kann die nachfolgende Untersuchung daher nur als ein erster Diskussionsbeitrag gewertet werden, der weiterer vertiefender Bemühungen zur Schließung einer rechtswissenschaftlichen Forschungslücke bedarf.

[3]) BVerfG, NJW, 1952, S. 297 r. (Beschl. v. 19. 12. 1951 — 1 BvR 220/51).

Erster Abschnitt

ZUR ENTWICKLUNG DES GRUNDRECHTSSCHUTZES

Alle staatlichen Rechtsschutzeinrichtungen dienen ihrer ureigenen Zweckbestimmung nach der Bewahrung der materiellen Rechtsordnung, die Inhalt und Umfang des prozessualen Rechtsschutzes entscheidend bestimmt. Aus der Abhängigkeit des formellen Rechtsschutzes von dem ihm zugrundeliegenden materiellen Recht folgt daher mit Notwendigkeit, daß nur von diesem und nicht vom Prozeßrecht her die Frage zu beantworten ist, wann eine Verletzung sachlichen Rechts vorliegt und mit welchem Erfolg und welchem Ziel der gegen diese Verletzung etwa eröffnete Rechtsweg beschritten werden kann. Diese von der Rechtslogik her bereits unbezweifelbare Feststellung macht es im Rahmen einer Darstellung über die Entwicklung des Grundrechtsschutzes zunächst erforderlich, die Grundrechte als Bestimmungen des materiellen Verfassungsrechts einer näheren Analyse zur Erhellung ihrer juristischen Struktur zu unterziehen (Teil A). Dabei zeigt sich, daß die konkrete Normgestalt der Grundrechte nicht nur die Modalität ihrer Verletzung durch Tun oder Unterlassen bestimmt, sondern darüber hinaus auch Inhalt und Form des justizförmigen Grundrechtsschutzes. Da die rechtstechnische Gestalt der Grundrechtsnormen ihrerseits wiederum bedingt ist durch ihre jeweilige geistesgeschichtliche Verfassungsfunktion, unterliegen mit dem geistigen Gehalt der Grundrechte gleichzeitig auch Umfang und Richtung des ihnen zuteil werdenden Rechtsschutzes historischem Wandel. Im folgenden ist zunächst der Ausgangspunkt dieser Entwicklung, die negatorische Abwehrfunktion der klassischen Freiheitsgrundrechte (Teil B), sodann ihr derzeitiger Endpunkt, d. h. die Erweiterung dieser Abwehrrechte durch positive Statusrechte und der ihr korrespondierende erweiterte Grundrechtsschutz darzustellen (Teil C).

A. Der allgemeine Rechtscharakter der Grundrechte

Die Frage nach dem rechtlichen Gehalt von Grundrechten, die entwicklungsgeschichtlich als Rechte gegenüber dem Staat zu begreifen sind, kann sinnvoll erst auf der Grundlage einer Rechts- und Staatsordnung gestellt werden, die den staatlichen Herrschaftsprozeß der Bindung durch rechtliche Schranken unterwirft und den Staat selbst als juristische Person versteht, in der Grundrechte einen Adressaten zu finden vermögen.

Während der Machtstaat des sog. landesherrlichen oder dynastischen Absolutismus sich allenfalls an sittliche, nicht aber an rechtliche Schranken gebunden fühlte, verwirklichte erst der konstitutionelle Staat um die Mitte des vorigen Jahrhunderts die Vorstellung einer normativen Bindung aller staatlichen Machtäußerung. Erst auf der Grundlage dieser Bindung war es denkgesetzlich möglich, Grundrechte in den Prozeß staatlicher Willensbildung einzugliedern und sie als Rechte des Einzelnen gegenüber dem Staat zu begreifen. Da das Maß ihrer rechtlichen Verbindlichkeit von ausschlaggebender Bedeutung für den Umfang ihrer Einwirkung auf den staatlichen Machtprozeß ist, stand mit Recht die Frage nach den positiven Rechtswirkungen grundrechtlicher Bestimmungen seit jeher im Vordergrund aller theoretischen Bemühungen. Sie liegt bei näherer Betrachtung allen Versuchen einer systematischen Einteilung grundrechtlicher Verfassungssätze zugrunde, wie sie in Deutschland in umfassender Weise erstmalig unter der Weimarer Verfassung unternommen wurden[4]).

Eine allzeit gültige Antwort auf die Frage nach dem Rechtsgehalt der Grundrechte wird freilich erschwert durch den Mangel einer fest abgegrenzten materiellen Bestimmung des mit diesem Begriff gekennzeichneten Gegenstandes. Sowohl die Grundrechtstheorie der Weimarer Zeit als auch die der Gegenwart hat es nicht vermocht, über eine bloße formale Gegenstandsbestimmung hinaus zu einer inhaltlich-sachlichen Umschreibung zu gelangen, die sich allgemeiner Anerkennung erfreuen könnte[5]). Dieser Mangel überzeitlich gültiger Grundrechtskriterien wurzelt freilich in der Unmöglichkeit einer einheitlichen geistesgeschichtlichen Begründung der Grundrechte[6]) sowie in der Unterschiedlichkeit ihrer jeweiligen positiv-rechtlichen Gestaltung. Es kann sich dabei freilich um keinen behebbaren Mangel der Theorie handeln, „erscheint doch in den Grundrechten vor allem der Niederschlag eines geistigen Gehalts, der in einem Volk Wirklichkeit geworden ist“[7]) und dessen Wandel gleichzeitig zu einer Änderung des rechtlichen Gehalts der Grundrechte führen muß[8]). Gleichwohl ist die juristische Einkleidung der Grundrechte nicht jeder beliebigen Änderung fähig. Sie hat sich zwar als rechtstechnisches Instrument der jeweiligen, in einer konkreten geschichtlichen Situation bestehenden geistigen Verfassungswirklichkeit anzupassen. Dieser Funktion vermag sie jedoch nur mit den Mitteln des Rechts gerecht zu werden,

---

[4]) Vgl. Anschütz, S. 452 ff.; Schmitt, Grundrechte, S. 181 ff., und Thoma, Grundrechte, S. 191 ff.

[5]) So auch Wertenbruch, S. 30, S. 98; vgl. des näheren Löw, Grundrechtsbegriff, S. 110 ff.

[6]) So v. Mangoldt-Klein, Vorbem. A — II 1 vor „Die Grundrechte“.

[7]) Huber, E. R., Bedeutungswandel, S. 2.

[8]) A. a. O.

das sich zur Regelung des menschlichen Zusammenlebens der Hilfe verbindlicher Befehle bedient, die seit Binding als Rechtsnormen bezeichnet werden.

Mit ihren Befehlssätzen wendet sich das Recht an die ihm Unterworfenen, um sie zu einem bestimmten Verhalten zu bewegen. „Einem (jeden selbständigen) Rechtssatz liegt ein ‚Du sollst' oder ein ‚Du sollst nicht' zu Grunde"[9]. Mit Recht erblickt daher die bis heute trotz aller Anfeindungen herrschend gebliebene sog. Imperativentheorie das Wesen der Rechtsnorm in ihrem Befehlscharakter[10].

Dieser sich an menschliches Verhalten richtende Befehl kann nun entsprechend der Natur dieses Verhaltens einen zweifachen Inhalt haben. Er kann zu einem bestimmten Verhalten auffordern und stellt sich damit als gebietender Befehl positiven Inhalts dar. Er kann daneben auch ein bestimmtes menschliches Verhalten, das für die Rechtsordnung unerwünscht ist, abwehren und trägt damit verbietenden Charakter[11]. In dieser Zweiteilung von Gebots- und Verbotsnorm[12] erschöpft sich naturgemäß der Inhalt eines rechtlichen Verhaltensbefehls, hat sich doch das objektive Recht in der Struktur seiner Befehlssätze auszurichten auf die Strukturgesetzlichkeit des menschlichen Verhaltens, an das es sich wendet und das nur in den Formen von Tun und Unterlassen erfaßt werden kann.

Ist das Wesen der Rechtsnorm mit ihrer Kennzeichnung als Befehlssatz entweder gebietenden oder verbietenden Inhalts für die Zwecke der folgenden Untersuchung hinreichend umschrieben, so sind damit die Kriterien gewonnen, mit deren Hilfe der Rechtsgehalt grundrechtlicher Sätze im allgemeinen und unabhängig von ihrer jeweiligen positiv-verfassungsrechtlichen Ausgestaltung bestimmt werden kann. Soweit eine konstitutionelle Verfassungsordnung überhaupt bereit ist, Grundrechte aus dem Bereich leerer Deklamationen und rechtlich unverbindlicher Programme[13] in den Rang aktueller Rechtsnormen mit verpflichtender Kraft zu erheben, wird sie sich stets des technischen Instruments konkreter Gebots- und Verbotsnormen bedienen müssen. Dabei ergibt sich ein unterschiedlicher Wirkungsgrad grundrechtlicher Verfassungsbestimmungen bereits aus dem Doppelsinn der Bezeichnung „Recht", die in der deutschen Sprache eine Äquivokation darstellt[14]. Entsprechend ihrer zweifachen Bedeutung von objektivem und subjektivem Recht wird unter Grund-„recht" einmal die objektive Verfassungsrechtsnorm als Bestandteil des positiven Verfassungs-

---

9) Thon, S. 2; ebenso Peperoni, S. 7.

10) So aus neuerer Zeit Tammelo, S. 62 ff., mit weiteren Nachweisen; ebenso Peperoni, S. 7, Fußnote 1, und Nawiasky, S. 8 ff., a. A. Kelsen, S. 189 ff.; vgl. hierzu v. Hippel, Kritik, S. 20 ff.

11) Vgl. Thon, S. 2; Enneccerus-Nipperdey, S. 118, 1.

12) Zur Berechtigung ihrer Unterscheidung vgl. u. S. 15 ff.

13) Vgl. hierzu u. S. 82 ff.

14) So Tammelo, S. 48.

rechts verstanden und zum anderen die aus dieser Grundrechtsnorm fließende subjektive Berechtigung, die als subjektiv-öffentliches (Grund-)Recht bezeichnet wird[15]). Während Grundrechtsbestimmungen in ihrer objektiv-rechtlichen Bedeutung als „Gespräch des Gesetzgebers mit sich selbst"[16]) den Organen staatlicher Gewalt lediglich ein bestimmtes Verhalten gebieten oder verbieten, ohne daß sich der Gewaltunterworfene auf solche Bestimmungen zu ihrer Durchsetzung berufen könnte, ist die Berechtigung als Rechtswirkung[17]) für den Begriff „Grundrecht" so sehr kennzeichnend, daß in zunehmendem Maße diese Bezeichnung nur solchen Grundrechtsnormen vorbehalten wird, denen jene Wirkung zukommt[18]). Mit Rücksicht auf eine einheitliche und unzweideutige Terminologie wird diese sich immer mehr einbürgernde Ausdrucksweise im folgenden übernommen und unter „Grundrecht" lediglich das subjektiv-öffentliche Recht verstanden, und zwar in Abgrenzung von der ihm zugrundeliegenden Grundrechtsbestimmung, die gleichbedeutend mit Grundrechtssatz oder Grundrechtsnorm verwendet wird.

Von überragender Bedeutung für die Erkenntnis der den Grundrechten zugrundeliegenden Normgestalt erweist sich ihre herkömmliche Unterscheidung in Rechte des negativen, positiven und aktiven Status[19]), die sich bis in die Gegenwart hinein erhalten hat[20]). Der Verbürgung einer staatsfreien, individuellen Freiheitssphäre dient der negative Status (status libertatis), aus dem sich für den Einzelnen Ansprüche auf Unterlassung von Eingriffen und Übergriffen in die staatlich geschützte Sphäre ergeben[21]).

„Indem der Staat in Erfüllung seiner Aufgaben ... dem Individuum positive Ansprüche gewährt, erkennt er ihm den positiven Status zu, der als die Basis für die Gesamtheit staatlicher Leistungen im individuellen Interesse sich darstellt"[22]).

Dieser Forderungssphäre steht der status activus gegenüber, der die staatsbürgerliche Gliedstellung des Individuums umfaßt, aus der die politischen Rechte des Einzelnen auf Mitwirkung bei der staatlichen Willensbildung fließen.

Diese klassische Dreiteilung der Grundrechte in solche des negativen, positiven und aktiven Status erweist sich — was noch näher darzulegen sein wird — nicht nur für die Erkenntnis der Entwick-

---

15) Vgl. v. Mangoldt-Klein, Vorbem. A VI vor „Die Grundrechte".
16) Voigt, S. 116.
17) Vgl. dazu Nawiasky, S. 152 ff.
18) So z. B. Löw, Grundrechtsbegriff, S. 76 f. und S. 124; ebenso v. Mangoldt-Klein, Vorbem. A VI vor „Die Grundrechte"; vgl. auch Wertenbruch, S. 99: „... ein so hochgradiges Recht wie ein Grundrecht immer zugleich ein subjektiv-öffentliches Recht sein wird."
19) Vgl. hierzu Jellinek, G., System, S. 31 ff.
20) Vgl. v. Mangoldt-Klein, Vorbem. A II 3 vor „Die Grundrechte".
21) Vgl. hierzu des näheren Jellinek, G., System, S. 94 ff.
22) A. a. O., S. 87; vgl. auch S. 107 ff.

lungsgeschichte des Grundrechtsschutzes als sinnvoll und notwendig[23]), sie kennzeichnet gleichzeitig die Grundrechtsnormen in ihrer zweifachen rechtstechnischen Gestalt von Gebots- und Verbotsnormen. Dabei stellen sich die negativen Statusrechte als Rechte des Einzelnen auf Unterlassung staatlicher Eingriffe in die individuelle Freiheitssphäre ausschließlich als Verbotsnormen dar, indem sie den staatlichen Gewalten das Eindringen in den grundrechtlich geschützten Freiheitsraum v e r b i e t e n. Das der Norm entsprechende und von ihr „befohlene" Verhalten besteht in der Unterlassung, d. h. im Nicht-Eingreifen in den durch die Verbotsnorm umschriebenen Freiheitsraum. In seiner subjektiv-rechtlichen Bedeutung verleiht das negative Status-(Freiheits-)recht dem Einzelnen einen individuellen Anspruch auf ein der Verbotsnorm gemäßes passives Verhalten, d. h. einen Anspruch auf Unterlassung gesetzlicher, verwaltungsmäßiger oder gerichtlicher Maßnahmen, die sich als Beschränkung der grundrechtlich geschützten Freiheitssphäre auswirken[24]). Solange die staatlichen Gewalten den verbietenden Normbefehl, der den negativen Statusrechten zugrundeliegt, befolgen und Eingriffe von hoher Hand in die freie Individualsphäre unterlassen, verhalten sie sich der Norm gemäß. Die Normwidrigkeit, d. h. der Verstoß gegen die ein Unterlassen befehlende Verbotsnorm, die sich für den betroffenen Grundrechtsinhaber als Rechtsverletzung darstellt, beginnt dort, wo der Staat durch das Medium seiner Organe durch freiheitsbeschränkende Gesetze oder Verwaltungsakte, d. h. durch positives Handeln in den grundrechtlich geschützten Freiheitskreis eindringt. Die hiernach durch aktives Tun gekennzeichnete Verletzung der Grundrechte aus dem negativen Status ist ihrerseits die Voraussetzung für das Eingreifen einer anderen Rechtsnorm, die freilich nicht auf staatliche Untätigkeit gerichtet ist, vielmehr staatliche Aktivität geradezu g e b i e t e t. Der Inhalt dieses Gebots besteht in der Forderung an den Staat, durch seine Rechtsschutzorgane den rechtswidrigen Eingriff in die negativen Freiheitsrechte durch Aufhebung der belastenden Verwaltungs- oder Gesetzgebungsakte wieder rückgängig zu machen und damit die natürliche Freiheit des Individuums wiederherzustellen. Dieser formelle Anspruch auf Rechtsschutzgewährung[25]), der im Geltungsbereich des Bonner Grundgesetzes in Art. 19, Abs. 4 positiv-rechtlichen Niederschlag gefunden hat[26]), betrifft im Hinblick auf den Gebotscharakter der ihm zugrundeliegenden Rechtsnorm den status positivus des Grundrechtsträgers[27]). Er gehört damit zum Kreis der sog. positiven Statusrechte, die im Gegensatz zu den Rechten des ab-

---

23) A. A. Wertenbruch, S. 99.
24) So auch Geiger, Grundrechte, S. 1124.
25) Vgl. des näheren Jellinek, G., System, S. 124 ff.
26) Vgl. dazu Maunz-Dürig, Art. 19, Abs. 4 GG, Randnr. 2.
27) Ebenso a. a. O.

wehrenden Status „einen Rechtsanspruch des Einzelnen gegen den Staat auf Entfaltung staatlicher Tätigkeit beinhalten“[28]). Sie umfassen inhaltlich sowohl individuelle Ansprüche auf Leistungen der rechtsprechenden Organe (Rechtsschutzanspruch) als auch auf Leistungen der Verwaltung, etwa auf Erteilung von Erlaubnissen oder auf Gewährung materieller Güter. Die positive Tätigkeit des Staates in seinem gesetzgeberischen Funktionsbereich ist dagegen als Objekt individueller Forderung seit jeher außer Betracht geblieben, weil die Gesetzgebung denjenigen staatlichen Organen zugerechnet wurde, „die ausschließlich im Gemeininteresse zu sein und zu wirken bestimmt sind“, und „die nicht durch individuelle Ansprüche verpflichtet werden können“[29]).

Rechtstechnisch sind alle Ansprüche aus dem positiven Status in das Gewand gebietender Verhaltensbefehle gekleidet, die sich an die einzelnen Organträger der staatlichen Gewalt wenden und sie in dem ihnen jeweils zukommenden Funktionsbereich zu dem durch die betreffende Gebotsnorm inhaltlich vorbestimmten Tun auffordern. Besteht die Verletzung von Grundrechten des negativen Status, die ein Unterlassen fordern, in dessen Kehrseite, dem positiven Tun, so ist das Unterlassen das der Gebotsnorm zuwiderlaufende Verhalten und damit die den positiven Statusrechten eigentümliche Verletzungsmodalität.

Den Charakter gebietender Rechtsnormen teilen die Grundrechte aus dem status positivus überwiegend mit denen des aktiven Status[30]), die als demokratisch-politische Staatsbürgerrechte neben anderen im wesentlichen das Wahl- und Stimmrecht, das Petitionsrecht sowie das Recht auf Zugang zu den öffentlichen Ämtern umfassen. Ebenso wie die Rechte aus dem sog. fordernden Stand „befehlen“ sie normativ die Entfaltung staatlicher Tätigkeit, so etwa im Falle des Petitionsrechts das Tätigwerden der mit der Petition befaßten Stelle, die sowohl zu ihrer Entgegennahme als auch zu ihrer sachlichen Prüfung verpflichtet ist[31]). Als rechtliche Befehlssätze gebietenden Inhalts besteht ihre Verletzung entsprechend den Grundrechten aus dem positiven Status in der Unterlassung des gebotenen Handelns, so daß sich die inhaltliche Dreiteilung der Grundrechte in Rechte des negativen, positiven und aktiven Status rechtstechnisch auf die Zweiteilung von Verbots- und Gebotsnormen zurückführen läßt.

---

28) v. Mangoldt-Klein, Vorbem. A II 3 b vor „Die Grundrechte“.

29) Jellinek, G., System, S. 80; vgl. hierzu des näheren u. S. 100 ff.

30) So auch Jellinek, G., System S. 139: „. . . der in Frage stehende Status die rechtliche Grundlage einer Reihe wichtiger individueller Forderungen an den Staat bildet.“

31) So BVerfGE, Bd. 2, S. 225 (Beschl. v. 22. 4. 1953 — 1 BvR 162/51) = BVerfG, NJW, 1953, S. 817 l.

Die sachliche Berechtigung dieser Zweiteilung ist im folgenden zunächst gegen Einwendungen der Lehre grundsätzlich zu verteidigen, sodann sind diejenigen Kriterien aufzuzeigen, mit deren Hilfe im Einzelfall der gebietende oder verbietende Befehlsgehalt einer Grundrechtsnorm bestimmt werden muß.

I. Die Unterscheidung von Gebots- und Verbotsnormen

Die Einteilung der Grundrechtsnormen in gebietende und verbietende Sollenssätze ist schon um der überragenden Bedeutung willen geboten, die sie für die Bestimmung der Art der Grundrechtsverletzung (Tun oder Unterlassen) und damit für die Formen des gerichtlichen Grundrechtsschutzes besitzt. Denn augenscheinlich kann das Rechtsschutzbegehren desjenigen, der durch die Verletzung eines Grundrechtes aus dem negativen Status betroffen ist, nicht das gleiche Ziel haben wie die Rüge dessen, der durch staatliche Untätigkeit grundrechtswidrig verletzt wird. Während die Beschwerdebefugnis im ersten Falle notwendig die Anfechtung des freiheitsbeschränkenden Hoheitsaktes mit dem Ziel seiner Aufhebung (Kassation) zum Gegenstand hat, ist sie im zweiten Falle darauf gerichtet, den durch das verletzte Grundrecht zum Handeln verpflichteten Träger der öffentlichen Gewalt zu eben diesem Handeln anzuhalten (Reformation). Der inhaltlich verschiedenen Zielsetzung des Rechtsschutzbegehrens entspricht schließlich die Verschiedenheit der auf eine Grundrechtsbeschwerde hin ergehenden stattgebenden gerichtlichen Entscheidung. Während sie bei einer festgestellten Verletzung grundrechtlicher Unterlassungspflichten den angefochtenen Hoheitsakt aufhebt (kassatorische Gerichtsbarkeit), gibt sie bei Verletzung grundrechtlicher Handlungspflichten dem Träger der öffentlichen Gewalt das der Gebotsnorm gemäße positive Verhalten auf (reformatorische Gerichtsbarkeit[32])) und unterscheidet sich damit je nach der Befehlsrichtung der verletzten Norm grundlegend nach Urteilsform und Urteilswirkungen[33]).

Ist mit diesen Feststellungen die Abhängigkeit des formellen Grundrechtsschutzes von der rechtstechnischen Struktur der Grundrechtssätze zunächst hinreichend nachgewiesen, so folgt daraus zugleich die Notwendigkeit einer methodisch sauberen Kennzeichnung der einzelnen Grundrechtsbestimmungen in ihrer jeweiligen Normgestalt, d. h. die Unerläßkeit einer zuverlässigen Abgrenzung des ihnen jeweils zukommenden Statuscharakters.

Die Zweiteilung von verbietenden und gebietenden Befehlssätzen besitzt zwar alle Vorzüge einer bestechenden Einfachheit, näherer Be-

---

[32]) Vgl. zu diesen beiden repressiven Rechtsschutzformen hinsichtlich der Verwaltungsgerichtsbarkeit Hinderling, S. 26 ff.

[33]) Vgl. zur Bedeutung dieser Unterscheidung für die Verfassungsgerichtsbarkeit u. S. 38 ff.

trachtung offenbaren sich indessen erhebliche Schwierigkeiten, den Gebots- oder Verbotscharakter bei der Beurteilung einzelner Grundrechtsbestimmungen zweifelsfrei zu bestimmen. Diese Schwierigkeiten beruhen vornehmlich darauf, daß der Verfassungsgesetzgeber häufig negative Statusrechte positiv formuliert und damit den wahren Statuscharakter verdunkelt[34]). So erscheint die Mehrzahl der traditionellen Freiheitsrechte im Grundrechtekatalog des Bonner Grundgesetzes der grammatikalischen Form nach durch die immer wiederkehrende Wendung: „Jeder hat das Recht ..." (z. B. Art. 2, Abs. 1 und Abs. 2, S. 2; Art. 5, Abs. 1, S. 1; Art. 8, Abs. 1; Art. 12, Ab. 1, S. 1) in positiver Fassung. Auf diese Weise entsteht der Eindruck, als ob liberale, auf Freiheit von staatlichem Zwang gerichtete Grundrechte nicht etwa durch Tun, sondern durch Unterlassen, nämlich durch Unterlassen staatlicher Schutztätigkeit verletzt werden könnten[35]). Es kann daher nicht verwundern, wenn versucht worden ist, etwa Art. 2, Abs. 1 GG, der trotz seiner positiven Formulierung mit Recht überwiegend dem negativen Status zugerechnet wird[36]), zur Begründung des arbeitsrechtlichen Anspruchs auf positive Beschäftigung im Rahmen eines abhängigen Arbeitsverhältnisses heranzuziehen[37]).

Die ungenaue Wortfassung der Grundrechtsbestimmungen führt jedoch nicht nur bei den negativen Statusrechten zu der folgenschweren Gefahr einer Mißdeutung des wahren Normcharakters, sondern in gleicher Weise auch bei den Rechten des positiven und aktiven Status. Läßt sich der Anspruchsgegenstand, d. h. das Verhaltenssollen des Anspruchsgegners, beim formellen Rechtsschutzanspruch des Art. 19, Abs. 4 GG mit Hilfe der Wendung „... so steht ihm der Rechtsweg offen ..." noch verhältnismäßig leicht als ein positiver, auf staatliches Tun gerichteter bestimmen, so versagt die sprachliche Fassung als Mittel zur Bestimmung des Befehlsinhalts bereits bei der diesbezüglichen Beurteilung des Art. 17 GG (Petitionsrecht), der sich infolge seiner positiven Formulierung („Jedermann hat das Recht ...") von den in der Regel gleichlautenden negativen Grundrechten nicht unterscheidet.

Die Erkenntnis des Gebots- oder Verbotscharakters des Normbefehls wird schließlich noch weiterhin dadurch erschwert, daß einzelnen Grundrechtsbestimmungen eine rechtliche Doppelfunktion innewohnt, indem sie sowohl staatliches Tun als auch staatliches

---

[34]) Vgl. dazu v. Mangoldt-Klein, Vorbem. A II 3 d vor „Die Grundrechte."

[35]) Vgl. hierzu u. S. 47 ff. und S. 53 ff.

[36]) Vgl. Maunz-Dürig, Art. 2, Abs. 1 GG, IV, 1 mit weiteren Nachweisen.

[37]) Vgl. BAGE, Bd. 2, S. 221 (Urt. v. 10. 11. 1955 — 2 AZR 591/54) = NJW, 1956, S. 359 f. Unklar auch Bonner Kommentar/Wernicke, Art. 2 GG, II 1 e. („aktives Grundrecht").

Unterlassen fordern. Dies gilt im Geltungsbereich des Grundgesetzes insbesondere für solche Bestimmungen, die wie Art. 1, Abs. 1, S. 2, Art. 6, Abs. 1 und Abs. 4 staatlichen Schutz zum Inhalt haben. Dieser Schutz kann einmal negativ durch Abwehr staatlicher Eingriffe verwirklicht werden, etwa durch das Verbot, Ehe und Familie (Art. 6, Abs. 1 GG) zu schädigen und zu stören[38]), zum anderen aber auch durch positive staatliche Förderung. Soweit die einzelne Schutznorm die Aufgabe hat, das Schutzgut vor Störungen und Schädigungen durch den Staat zu bewahren, trägt sie den Charakter einer auf Unterlassen gerichteten Verbotsnorm und wird als solche durch tätiges Handeln verletzt. Rechtssatzmäßige Gebotswirkung kommt ihr dagegen zu, sofern sie die Wohlfahrtsförderung des Schutzgutes und dessen Bewahrung vor Beeinträchtigungen durch nichtstaatliche Kräfte zum Ziele hat[39]).

Als gebietende und zugleich verbietende Sollenssätze stellen sich jedoch nicht nur die auf staatlichen Schutz abzielenden Grundrechtsnormen dar, sondern in gleicher Weise auch andere Bestimmungen, deren doppelter Statuscharakter freilich aus den unterschiedlichen Formulierungen nicht immer zuverlässig erschlossen werden kann[40]). So läßt etwa die Gestalt der positiven Feststellung, die der Gleichheitssatz im Grundgesetz angenommen hat (Art. 3 Abs. 1), nicht eindeutig erkennen, daß dem Verbot unsachgemäßer Differenzierung ein hiervon rechtlich unabhängiges Gebot gleicher Behandlung gleichartiger Tatbestände gegenübersteht[41]).

Die Verwirrung, die unterschiedliche sprachliche Formulierungen bei der Qualifizierung einer Rechtsnorm als gebietendem oder verbietendem Befehlssatz anrichten und von der alle Rechtsgebiete in gleichem Maße betroffen sind[42]), hat zu der verbreiteten Auffassung geführt, ein sachlicher Unterschied zwischen Gebot und Verbot bestehe nicht, weil ein gebotenes Tun einem verbotenen Unterlassen und umgekehrt immer gleichgesetzt werden könne[43]). „Gebieten und Verbieten sind nicht zwei verschiedene Funktionen der autoritären Ordnung, sondern beide sind ihrer Natur nach dasselbe; das Verbieten kann ebensogut als Gebieten, und das Gebieten als Verbieten formuliert werden, je nachdem man die Handlung oder ihr kontradiktorisches Gegenteil heranzieht: eine gebotene Handlung ist eine verbotene Unterlassung und eine gebotene Unterlassung eine ver-

[38]) Vgl. dazu BVerfG, NJW, 1957, S. 418 r. (Beschl. v. 17. 1. 1957 — 1 BvL 4/54).

[39]) Vgl. hierzu u. S. 89 f.

[40]) Zur Doppelfunktion des Rechts auf Leben vgl. Maunz-Dürig, Art. 2, Abs. 2 GG, Randnr. 26 f.

[41]) Vgl. dazu u. S. 68 ff. und S. 71.

[42]) Vgl. hierzu Peperoni, S. 127 ff.

[43]) So Kelsen, S. 669, und Karl Wolff, Verbotenes Verhalten, 1923, S. 142; nach Peperoni, S. 130.

botene Handlung ... Faßt man Handlungen und Unterlassungen ins Auge, dann erschöpft sich die Funktion der autoritären Ordnung in einem Gebieten"[44]).

Zu der Ansicht, daß Tun und Unterlassen sowohl von einer Verbots- als auch von einer Gebotsnorm erfaßt werden können, hat neben der irreführenden Verwendung sprachlicher Ausdrucksmittel auch die aus dem Straf- und Zivilrecht her bekannte Verletzungsform der sog. unechten Unterlassung beigetragen, die neuerdings erstmalig auch ins Verfassungsrecht eingeführt worden ist[45]). Ihr liegt nach herrschender Auffassung eine Verbotsnorm zugrunde, die sowohl durch Tun als auch durch Unterlassen verletzt werden kann[46]). So verstößt etwa die Mutter nach dieser Ansicht gegen das strafrechtliche Tötungsverbot durch aktives Handeln, indem sie ihr Kind erwürgt und durch Unterlassen, indem sie es verhungern läßt.

Gleichwohl nötigt die den unechten Unterlassungsdelikten vorgelagerte Norm nicht zu einer Preisgabe des Grundsatzes, wonach ein Verbot nur durch positives Tun und ein Gebot nur durch Unterlassen verletzt werden kann. Denn ihnen liegt weder — wie die gegenwärtig herrschende Meinung annimmt — das alleinige Verbot zur Herbeiführung der für strafbar erklärten Verletzungserfolge zugrunde[47]), noch — wie vereinzelt behauptet wird — eine einheitliche Gebotsnorm[48]), sondern Verbot und Gebot zugleich. Als verbietender Verhaltensbefehl untersagt die Strafrechtsnorm die Herbeiführung jedes strafrechtlich relevanten Verletzungserfolges, sofern sie nicht im Einzelfall gerechtfertigt ist (Notwehr). Der gebietende Befehlssatz hat dagegen nicht diese umfassende Reichweite. Er befiehlt insbesondere nicht jedem Menschen, immer und überall den drohenden Eintritt eines strafbaren Erfolges durch tätiges Handeln abzuwenden, selbst dann nicht, wenn die Möglichkeit hierzu besteht. So ist nicht jedermann strafrechtlich verpflichtet, etwa den bevorstehenden Hungertod eines Kindes durch Gewährung ausreichender Nahrung abzuwehren, mag er hierzu auch imstande sein. Die herrschende Strafrechtsdoktrin stellt daher auch nicht jede Nicht-Hinderung des verbotenen Verletzungserfolges seiner Verursachung durch positives Tun gleich, sondern hat zur Einschränkung der in ihrer negativen Richtung uferlosen Verbotsnorm das ungeschriebene Tatbestandsmerkmal der speziellen Erfolgsabwendungspflicht einführen müssen, die nur dem obliegt, „dem die soziale Ordnung die Stellung eines

---

44) Kelsen, a. a. O.

45) So Pinger, S. 78 ff., und Maunz-Dürig, Art. 2, Abs. 2 GG, Randnr. 26 f.; vgl. hierzu auch u. S. 55 f.

46) Vgl. Maurach, S. 168 f., und Mezger, S. 133 ff.

47) Vgl. Maurach, a. a. O.

48) So Peperoni, S. 170 ff.

Garanten mit der Verpflichtung zur Abwehr des drohenden tatbestandsmäßigen Erfolges zugewiesen hat"[49]).

Mit der Einführung dieser Garantenpflicht, die nicht die Strafbarkeit der positiven, sondern allein die der negativen Erfolgsverursachung einschränkt, hat die von der herrschenden Strafrechtslehre behauptete Verbotsnorm zwar keine Umformung zu einer reinen Gebotsnorm erfahren[50]), mit der sich eine befriedigende Erklärung der Rechtsgutverletzung durch tätiges Handeln (Erwürgen) wiederum nicht gewinnen ließe, vielmehr hat sich von dem umfassenden Rechtsbefehl zur Unterlassung aktiver Verletzungshandlungen eine inhaltlich weniger weitreichende Gebotsnorm abgespalten. Sie verpflichtet nicht wie das negative Verursachungsverbot, das positive Rechtsgutverletzungen abwehren will, alle Rechtsgenossen, sondern nur solche, die sich zu dem bedrohten Schutzgut in einer besonderen Garantenstellung befinden, und zwar zur Vornahme von aktiven Handlungen, die der Erfolgsabwendung und damit der Rechtsguterhaltung dienen. Damit erscheint die Garantenpflicht nicht mehr als tatbestandliche Beschränkung einer in ihrer Reichweite überdehnten Verbotsnorm[51]), mit der die herrschende Strafrechtsdogmatik ohnehin nicht ernst macht, sondern zutreffend als inhaltliche Begrenzung einer dem Tatbestand vorgelagerten, selbständigen Gebotsnorm, die als solche nur durch Unterlassen der auferlegten Handlung verletzt werden kann. Liegt nach bisheriger Auffassung den unechten Unterlassungsverbrechen die einer Verengerung bedürftige Verbotsnorm: „Du sollst keinen strafrechtlich erheblichen Verletzungserfolg verursachen" zugrunde, so gilt dieser verbietende Befehlssatz richtiger Ansicht nach nur für die aktive Begehung, während die Erfolgsverursachung durch Unterlassen auf der Gebotsnorm beruht: „Du sollst dich als besonderer Garant eines Rechtsgutes (etwa als Arzt oder Mutter) für dessen Erhaltung durch tätiges Handeln einsetzen".

Wenn sich auch vom Standpunkt der hier dargelegten Auffassung die Unterscheidung zwischen Gebotsnormen, die durch Unterlassen, und Verbotsnormen, die durch Tun verletzt werden, unter Hinweis auf die strafrechtliche Erscheinung der durch Unterlassen verwirklichten Begehungsdelikte demnach nicht mit Erfolg leugnen läßt, so bleibt dennoch die Frage nach gültigen Maßstäben zur Bestimmung der Positivität oder Negativität einer Norm bislang ungeklärt. Denn es hat sich deutlich genug gezeigt, daß die sprachliche Formulierung einer Rechtsnorm ihren Normcharakter eher zu verdunkeln als zu erhellen vermag, indem sie die Möglichkeit bietet, eine Gebotsnorm in das Gewand des verbietenden und eine Verbotsnorm in die Form

---

[49]) Maurach, S. 236.
[50]) So aber Peperoni, S. 172 ff.
[51]) Vgl. zur Auslesefunktion der dem Straftatbestand vorausliegenden Norm Maurach, S. 188 ff.

des gebietenden Verhaltensbefehls zu kleiden[52]). Gleichwohl ist eine zweifelsfreie Unterscheidung des Befehlsinhaltes nicht nur notwendig[53]), sondern auch möglich, was in den folgenden Ausführungen nachzuweisen sein wird.

II. Die Bestimmung des Gebots- oder Verbotsbefehls der Grundrechtsnormen aus ihrer jeweiligen Verfassungsfunktion

Der entscheidende Irrtum aller Theorien, die einen sachlichen Unterschied zwischen Gebot und Verbot leugnen und ihn entweder in den Inhalt[54]) oder in die Form der Rechtsnorm[55]) verlagern, besteht in ihrem gesetzespositivistischen Ansatz, die rechtlichen Sollenssätze abzuschnüren von ihrer Bezogenheit auf die geistige Wirklichkeit eines Volkes, der sie als rechtstechnische Instrumente zu dienen haben[56]). Von diesem Ansatz aus ist es freilich ein leichtes, nachzuweisen, daß für die Unterscheidung von Gebot und Verbot maßgebend ist, ob „das Wort ‚nicht' zu dem Zeitwort sollst (du sollst nicht: töten) oder zu dem betreffenden Verhalten (du sollst: nicht töten) gehört"[57]). Die Frage, ob der rechtliche Verhaltensbefehl ein Tun oder ein Unterlassen des Rechtsunterworfenen fordert, läßt sich jedoch nicht aus Inhalt oder Form der Rechtsnorm beantworten, die in der Regel eine Unterscheidung selbst nicht aufweisen, sondern allein aus der rechtspolitischen Funktion, die der betreffenden Norm innerhalb der Gesamtrechtsordnung zukommt[58]). „Rechtsbegriffe sind keine Tatsachenbegriffe, sondern sie tragen als Normbegriffe einen teleologischen Charakter, d. h. sie richten sich auf Verwirklichung eines zukünftigen Zustandes"[59]). „Der Sinn, der ... als Richtpunkt dient bei der Bestimmung der Tragweite der einzelnen Rechtsnormen im System, kann nichts anderes sein als der objektive Sinn der jeweiligen Gegenwart überhaupt, auf die und in der ein Komplex von Rechtsnormen seine Anwendung findet"[60]). Nur durch eine Besinnung auf diesen „metaphysischen Hintergrund"[61]) eines staatlichen Normensystems läßt sich mit Anspruch auf objektive Gültigkeit bestimmen, ob ein rechtlicher Befehlssatz von den ihm Unterworfenen ein Tun oder ein Unterlassen fordert. Nach ihrer jeweiligen geistig-

---

52) Vgl. hierzu auch Peperoni, S. 147 ff.; für das Gebiet des Strafrechts vgl. Maurach, S. 169.

53) Vgl. o. S. 10 f.

54) So Kelsen, S. 669.

55) So Husserl, S. 39 f.: „Eine Gebotsnorm kann ein Unterlassen ... auferlegen und umgekehrt kann eine Verbotsnorm zu einem ... Tun verpflichten."

56) Vgl. dazu Huber, Bedeutungswandel, S. 2 f.

57) Peperoni, S. 147.

58) Vgl. hierzu Leibholz, Begriffsbildung, S. 262 ff.

59) v. Hippel, Grundlegung, S. 35.

60) A. a. O., S. 37.

61) A. a. O.

politischen Grundhaltung wird eine Rechtsordnung vorwiegend das eine oder das andere Verhalten als wünschenswert ansehen und, da sie zu befehlen pflegt, was sie wünscht, ihre Imperative, „die ihr nur Mittel zum Zweck sind, ein Versuch, das Befohlene zu erreichen“[62]), in den Dienst ihrer geistigen Zielsetzung stellen[63]).

Dem damit aufgezeigten unmittelbaren Zusammenhang des positiven Rechts mit der ihm jeweils zugeordneten geistig- und ideengeschichtlichen Wirklichkeit hat die praktische Rechtsanwendung Rechnung zu tragen, indem sie aus dem geistigen Gehalt, den die einzelne Rechtsnorm ausdrückt, ihren negativen oder positiven Befehlsinhalt zu bestimmen sucht. Sie hat bei der Handhabung jeder Norm deren zweckgerichteten Charakter entsprechend zu fragen, ob es „zur Verwirklichung eines Sinnes, der zu dem Gesamtsinn einer Rechtsordnung überhaupt sich als Teil verhält“[64]), erforderlich ist, dem Rechtsunterworfenen ein Tun oder ein Unterlassen aufzuerlegen. Wo der objektive Sinn der Rechtsordnung ein aktives Handeln des Normadressaten zum Ziele hat, ist der anzuwendenden Rechtsnorm Gebotscharakter beizumessen, wo sie dagegen einen mit ihrer geistigen Zielsetzung unvereinbares Handeln abzuwehren wünscht, kommt der betreffenden Norm Verbotsinhalt zu[65]).

Die Notwendigkeit, die Wirkungsweise rechtlicher Sollenssätze aus ihrem Ideenhintergrund zu bestimmen, ist um so dringlicher und — wie sich noch zeigen wird — ihre Verkennung um so folgenschwerer[66]), je stärker ihre instrumentale Bedeutung hinter ihrem geistigen Gehalt zurücktritt. Dies gilt in besonderem Maße für solche Rechtsnormen, die wie die Grundrechtsbestimmungen die Stellung des Menschen in seinem Verhältnis zum Staat einer rechtlichen Regelung unterwerfen; ist doch bei ihnen „die Beziehung zwischen rechtlicher Norm und geistiger Wirklichkeit unmittelbarer, als es etwa bei den verfassungsorganisatorischen Bestimmungen der Fall ist“[67]).

Doch wie das Spannungsverhältnis zwischen Individuum und Staat, Staat und Gesellschaft geschichtlicher Wandlung unterworfen ist und in seiner jeweiligen Ausprägung durch die geistige Kulturüberzeugung eines Volkes bestimmt wird, unterliegen die Grundrechte in ihrer rechtlichen Funktion Umformungen, die sich dem ideengeschichtlichen Wandel anpassen[68]). Als „Stationen in dem ewig hin- und her-

---

62) Thon, S. 11.

63) Vgl. etwa zum polizeistaatlichen u. liberalen Strafrecht Maurach, S. 168.

64) v. Hippel, Grundlegung, S. 35.

65) So auch Peperoni, S. 152; vgl. auch S. 150: „Man muß die Ausdrücke der Rechtsnormen ... in ihrer Bezogenheit auf die entsprechenden objektiven Sachverhalte verstehen.“

66) Vgl. dazu u. S. 48 ff.

67) Huber, Bedeutungswandel, S. 2 f.

68) Vgl. a. a. O.

flutenden Prozeß the man versus the state“[69]) schlägt sich in den Grundrechtsverbürgungen die Auffassung einer Rechtsgemeinschaft von der jeweiligen Beziehung zwischen Mensch und Staat nieder, deren äußerste Pole mit dem absoluten Primat des Staates über das Individuum und einer funktionellen Stellung des Staats im Dienste des Menschen gekennzeichnet sind. Wie auch immer die Antwort auf die Frage nach dem Verhältnis des Einzelnen zum Staat ausfallen mag, sie wird sich als verfassungsmäßiges Leitbild vornehmlich in den einzelnen Grundrechtsnormen formalisieren und deren rechtliche Tragweite entscheidend bestimmen, indem sie bald die Rechte auf Freiheit vom Staat, bald die Rechte auf staatliche Leistung stärker betont. In diesem Sinne „hat jede konkrete Art von Staat ihre ganz spezifischen Grundrechte“[70]), ein Umstand, der, wie eingangs bereits angedeutet[71]), die Ausbildung einer einheitlichen, zeitlos gültigen Gegenstandsbestimmung des Grundrechtsbegriffes bislang vereitelt hat.

Die praktische Rechtsanwendung hat die Auslegung der Grundrechtsbestimmungen an diesem „rechtlichen Weltbild der Verfassung“[72]) auszurichten und in theologischer Betrachtung[73]) von Artikel zu Artikel zu fragen, ob der darin enthaltene grundrechtliche Verhaltensbefehl, gemessen an der politischen Grundentscheidung, wie sie sich in den geistigen Strukturgrundlagen der Verfassung ausprägt, ein staatliches Tun oder ein Unterlassen zum Ziel hat. Eine solche Auslegung der Grundrechte aus ihrem aktuellen Sinn der Gegenwart ist um so notwendiger, als sie häufig aus früheren Verfassungen nahezu formulierungsgleich übernommen werden und damit bei positivistischer Rechtsbetrachtung[74]) den rechtlichen Funktionswandel nicht erkennen lassen, die sie im Zuge einer veränderten Auffassung vom Spannungsfeld Individuum-Staat trotz gleichen Wortlauts erfahren haben[75]).

Erschließt man in Einklang mit der heute herrschenden sog. geisteswissenschaftlichen Methode[76]) den Befehlsinhalt grundrechtlicher Normen aus ihrem Ideenhintergrund, so ist damit — wie im weiteren Verlauf der Untersuchung noch sichtbar werden wird — ein zuverlässiger Maßstab für die Bestimmung der negativen oder positiven Verhaltensbindung der staatlichen Normadressaten gewonnen, der dem juristischen Bedeutungswandel der Grundrechte Rechnung zu tragen

---

69) Thoma, Grundrechte, S. 187.
70) Schmitt, Grundrechte, S. 190.
71) Vgl. o. S. 5.
72) v. Hippel, Grundlegung, S. 36.
73) Vgl. hierzu Leibholz, Begriffsbildung, durchgehend.
74) Vgl. dazu a. a. O.
75) Unrichtig daher Wertenbruch, S. 65 ff.; zutreffend Huber, Bedeutungswandel, S. 2 f.
76) Vgl. Leibholz, a. a. O.; kritisch neuerdings Forsthoff, Umbildung, durchgehend.

vermag. Tun und Unterlassen kennzeichnen danach den Charakter von Gebot und Verbot, der der Grundrechtsnorm zukommt[77]). Als zwei verschiedene Bereiche menschlichen Verhaltens sind sie so scharf voneinander getrennt, daß das Verbot eines bestimmten Handelns nur logisch-formal dem Gebot eines Unterlassens gleichgestellt werden kann, während bei einer seinsbezogenen Betrachtungsweise nur eine der beiden Verhaltensweisen gefordert sein kann, „deren Negation wesensmäßig nichts anderes ist als das Verhalten selbst, das dem negierten Verhalten kontradiktorisch entgegengesetzt ist"[78]). Die ontologische Trennung von Tun und Unterlassen läßt daher die allein sinnvolle Fragestellung zu, ob die einzelne Grundrechtsnorm ihrem Vollzugsadressaten das eine oder andere Verhalten befiehlt, eine Frage, die unabhängig von ihrer sprachlichen Formulierung nur aus ihrer verfassungspolitischen Funktion beantwortet werden kann.

Da Grundrechtsnormen die staatliche Willensbildung rechtstechnisch immer nur negativ durch verbietenden, positiv durch gebietenden Befehl zu binden vermögen, läßt sich die Entwicklung der Grundrechte und ihrer gerichtlichen Sicherung unter den beiden Gesichtspunkten von Verbot (Freiheit vom Staat) und Gebot (Forderung an den Staat) im folgenden besonders anschaulich darstellen[79]).

B. Die negatorische Abwehrfunktion der klassisch-liberalen Grundrechte

Im Mittelpunkt der deutschen Grundrechtstradition, deren moderne Entwicklung mit dem Aufkommen der konstitutionellen Staaten des 19. Jahrhunderts beginnt[80]), stehen seit jeher die liberalen Freiheits- und Gleichheitsrechte des Individuums, zu deren klassischem Bestand Gewissens- und Religionsfreiheit, Meinungs- und Pressefreiheit, Freiheit der Person und der Wohnung, Brief-, Post- und Telegraphengeheimnis sowie Vereins- und Versammlungsfreiheit zählen. In Deutschland fanden sie im wesentlichen in dieser Zusammensetzung Eingang zunächst in die süddeutschen Verfassungen, sodann in das Verfassungswerk der Frankfurter Nationalversammlung von 1848, in die preußische Verfassung von 1850, in die Verfassungen der monarchischen Einzelstaaten des Kaiserreiches sowie in die Weimarer Reichsverfassung von 1919. In ihrer negativen, individualistischen Ausprägung, die für die deutsche Grundrechtsidee kennzeichnend ge-

---

[77]) So auch Peperoni, S. 153; vgl. auch Jellinek, G., Gesetz, S. 123 ff., der ebenfalls für die Unterscheidung von Gebot und Verbot eintritt.

[78]) Peperoni, S. 143.

[79]) Vgl. auch a. a. O., S. 153: „Der verschiedene Charakter von Gebot und Verbot bestimmt ... erheblich das Verhältnis des Gesetzgebers zu seinen Untertanen."

[80]) Vgl. hierzu Planitz, durchgehend.

blieben ist[81]), sind sie aufs engste verknüpft mit dem Gedankengut des politischen Liberalismus sowie mit der Entwicklung der nordamerikanischen Freiheitsrechte und der Menschen- und Bürgerrechte der französischen Revolution von 1789, obwohl sie deren naturrechtliche Begründung als vorstaatliche Rechte nicht teilen[82]).

Wie ihre Vorbilder sind die deutschen Freiheitsgrundrechte aus der politischen Situation des der schrankenlosen Allmacht des absolutistischen Staates unterworfenen liberalen Bürgertums entstanden, das in gewaltsam-fortschrittlicher Haltung gegenüber dem Obrigkeitsstaat des 18. Jahrhunderts danach trachtete, sich von den Fesseln eines totalen staatlichen Machtanspruches zu emanzipieren. Der Grundgedanke dieser liberalen Grundrechtsauffassung ist „Abwehr der Staatsgewalt von einer Sphäre reinen Beliebens der Einzelnen, Schutz eines individuellen Raumes vor hoheitlicher Einmischung, Freiheit der Einzelnen vom Staate, nicht Freiheit zum Staat"[83]).

Im Lichte dieser Theorie erscheinen Grundrechte „als Negationen bisher in Kraft gewesener Beschränkungen. Weil es früher eine Zensur gab, wurde Pressefreiheit, weil Gewissenszwang herrschte, Glaubensfreiheit proklamiert"[84]). Andere Rechte als solche auf Freiheit von staatlichem Zwang, namentlich Grundrechte auf staatliche Leistungen, müssen dem Wesen des bürgerlichen Rechtsbewahrstaates, der von der liberalen Annahme der Selbstversorgungskraft seiner Bürger ausgeht, fremd bleiben. Sie stehen ihrer „logischen und juristischen Struktur nach in einem Gegensatz zu den echten Grund- und Freiheitsrechten"[85]) und „denaturieren die Verfassung"[86]).

Die Idee der Freiheitsrechte in ihrer staatsverneinenden und staatsabwehrenden Prägung wurde in Deutschland neben der Gewaltenteilung zum Eckpfeiler des sog. bürgerlichen Rechtsstaates[87]), in dessen innerer Logik als einem „System unpolitischer Abwehr und Distanzierung eines innerlich unpolitischen und staatsfremden Bürgertums"[88]) sie ihre Entsprechung findet. Sie beherrschte insbesondere Theorie und Praxis der Grundrechte unter der Weimarer Verfas-

---

81) Ebenso Huber, Bedeutungswandel, S. 10 f., und Smend, Bürger, S. 312 f.; a. A. Scheuner, Garantien, S. 90.

82) So auch Forsthoff, Lehrbuch I, S. 32: „Daß sie als vorstaatliche Rechte in die deutschen Verfassungen des 19. Jahrhunderts Eingang gefunden hätten, kann ... nicht behauptet werden und ist auch nicht behauptet worden." Vgl. zur vorstaatlichen Begründung im übrigen Jerusalem, Sp. 1.

83) Huber, E. R., Bedeutungswandel, S. 6.

84) Jellinek, G., System, S. 95.

85) Schmitt, Verfassungslehre, S. 169.

86) Huber, Verfassungsrechte, S. 155.

87) Vgl. Schmitt, Verfassungslehre, S. 125 f., S. 158 f., S. 163 ff., S. 181.

88) Smend, Bürger, S. 314.

sung[89]), obwohl es nicht an Stimmen fehlte, die den Widerspruch individualistisch betonter Grundrechte mit der Idee der Demokratie aufdeckten und sie positiv, im Sinne zum Staat hinführender, objektiver Ordnungsprinzipien und demokratischer Aufbauelemente zu deuten suchten[90]).

Verpflichtende Kraft kommt den klassisch-liberalen Freiheitsgrundrechten — wie nunmehr darzulegen sein wird — freilich nicht der Gesetzgebungsgewalt, sondern ausschließlich den Vollzugsgewalten in Verwaltung und Rechtsprechung gegenüber zu, eine Relativierung ihrer rechtlichen Geltung, die sich — wie sodann zu zeigen ist — in dem überkommenen Rechtsschutzsystem wiederspiegelt.

I. Die relative Geltungskraft der überlieferten Freiheitsgrundrechte

Der politische Kampf des liberalen Bürgertums des 19. Jahrhunderts um verfassungsmäßig gesicherte Freiheitsrechte richtete sich in erster Linie gegen die schrankenlose Eingriffsverwaltung des königlichen Absolutismus, d. h. gegen die von einer Volksvertretung unabhängige Exekutive, von der die Freiheit des Einzelnen nach den historischen Erfahrungen der Vergangenheit am stärksten bedroht und gefährdet war[91]). Eine Sicherung der individuellen Freiheit gegenüber der Gesetzgebung wurde schon deshalb nicht als notwendig empfunden, weil sich das Volk nach den revolutionären Vorgängen des Jahres 1848 und auch bereits vorher in den meisten deutschen Einzelstaaten mit dem Sieg des konstitutionellen Gedankens das Recht zur Mitwirkung an der Gesetzgebung erkämpft hatte[92]). Damit schien die Wahrung der grundrechtlichen Freiheitssphäre gegenüber der Legislative vollends verbürgt, waren es doch die Bürger selbst, die sich in der Volksvertretung die Gesetze gaben[93]) und sich gerade „im Namen der Freiheit ihrer Herrschaft unterwarfen"[94]).

Auf diesem historisch-politischen Hintergrund erklärt sich die für die Erkenntnis der Entwicklungsgeschichte des Grundrechtsschutzes hochbedeutsame Tatsache, daß der Grundrechtsgedanke in Deutschland in seinen Anfängen ausschließlich darauf ausgerichtet war, die Eingriffe und Übergriffe einer selbstherrlichen monarchischen Verwaltung, insbesondere der Polizei, an meßbare und berechenbare Rechtsschranken zu binden. Hierzu bot sich das Mittel des rechtsstaatlichen Gesetzes an[95]), das als generell-abstrakte Norm die Vor-

---

89) So auch Huber, Bedeutungswandel, S. 10, und Hamel, S. 10 f., vgl. dazu Schmitt, Grundrechte, S. 198, S. 206 ff.

90) So insbesondere Smend, Bürger, S. 314 ff., und Huber, S. 11 ff.

91) Vgl. hierzu Schmitt, Reichsgericht, S. 66 f., und Verfassungslehre, S. 178.

92) Vgl. Schmitt, Verfassungslehre, S. 330 ff.

93) So auch Leibholz, Bedrohung, S. 461, und Maunz, Staatsrecht, S. 75 f.

94) Schmitt, Legalität, S. 276.

95) Vgl. hierzu Schmitt, Verfassungslehre, S. 138 ff.

aussetzungen umschreibt, unter denen die königliche Beamtenverwaltung in Freiheit und Eigentum des Einzelnen eingreifen durfte (Prinzip der Gesetzmäßigkeit der Verwaltung).

Freiheitsgrundrechte im Sinne des bürgerlichen Rechtsstaates sind damit freilich nicht mehr Rechte von staatlichem Zwang schlechthin, sondern Rechte auf gesetzmäßige Freiheit, die „nach Maßgabe der Gesetze“ gewährleistet werden und unter dem Vorbehalt des Gesetzes stehen. Sie wenden sich in ihrer Stoßrichtung ausschließlich an die gesetzesanwendenden Instanzen in Verwaltung und Justiz, während der Gesetzgeber schon deshalb nicht an sie gebunden ist, weil sie von ihm selbst in der Verfassung gewährt werden und folgerichtig durch einfaches Gesetz eingeschränkt oder gar aufgehoben werden können. Bis zur Weimarer Verfassung und noch unter ihrer Herrschaft war dem Staatsrecht „der Gedanke einer besonderen, von der gesetzgebenden Gewalt verschiedenen und ihr übergeordneten verfassunggebenden Gewalt fremd“[96]).

Die Verfassung stellt sich in den konstitutionellen Staaten des 19. Jahrhunderts vielmehr als ein durch Übereinkunft zwischen Fürst und Ständen geschaffener Vertrag dar (so in Württemberg und Sachsen) oder als ein vom Landesherrn einseitig erlassenes (oktroyiertes) Gesetz (wie z. B. in Bayern, Baden und Preußen), das „auf dem ordentlichen Weg der Gesetzgebung“ (Art. 106 der preußischen Verfassung von 1850), wenn auch unter Zustimmung der Volksvertretung geändert werden kann[97]). Als Bestandteile dieses Verfassungsgesetzes stehen die in ihm enthaltenen Grundrechte ebenso zur Verfügung des Gesetzgebers wie das Verfassungsgesetz selbst[98]), sie sind in ihrer Wirkungskraft ihm gegenüber dadurch relativiert, daß er kraft des Vorbehaltes und des Vorranges des Gesetzes nach seinem Ermessen Inhalt und Umfang ihrer Geltung frei bestimmen darf[99]).

Mochte der Gesetzgebungsstaat der konstitutionellen Monarchie[100]) durch die liberal-repräsentative Struktur seiner parteienlosen Volksvertretung sowie durch den Dualismus von Parlament und Krone das Vertrauen in die Freiheitsgarantie eines formellen, von jedem materiellen Gerechtigkeitsgehalt unabhängigen Gesetzesbegriffes noch zu rechtfertigen und einen Schutz der Grundrechtssphäre gegenüber der Legislative als entbehrlich erscheinen zu lassen, so entfielen diese Voraussetzungen zu Beginn dieses Jahrhunderts mit dem Aufkommen des massendemokratischen Parteienstaates[101]). Die Gefahr für die

---

[96]) Anschütz, S. 348. Vgl. auch Schmitt, Verfassungslehre, S. 57.

[97]) Vgl. dazu Schmitt, a. a. O., S. 51 ff., S. 63 ff.

[98]) So auch Forsthoff, Lehrbuch I, S. 32 f.: „Die Geltungskraft der Grundrechte war keine andere als die des Verfassungsgesetzes überhaupt“.

[99]) Vgl. Schmitt, Legalität, S. 276 ff.

[100]) Hierzu eingehend a. a. O., S. 274 ff.

[101]) Vgl. zu dieser Entwicklung Leibholz, Strukturwandel, S. 79 ff., und Peters, Verwaltungsstaat, S. 22 ff.

grundrechtlich geschützte Freiheit des Einzelnen drohte nunmehr von der Seite her, „auf welcher der Kampf gegen die Exekutive alle politische Macht angehäuft hatte. nämlich von den Parlamenten als gesetzgebenden Körperschaften“[102]). Diese Gefahr war freilich in der Überzeugung des 19. Jahrhunderts von der Selbstherrlichkeit des Gesetzgebers, dem Grundrechtsnormen keinerlei Bindungen aufzuerlegen vermögen, selbst keimhaft angelegt und mußte sich naturgemäß zu einer aktuellen Bedrohung auswirken, nachdem sich der Dualismus von Volksvertretung und Monarch zugunsten schrankenloser Souveränität eines von politischen Parteien beherrschten demokratischen Parlaments auflöste[103]). Die Regierung als politisches Gegengewicht der Legislative wurde entmachtet und in ihrem Bestand vom Vertrauen des Parlaments abhängig gemacht. Die Staatswillensbildung lag damit ausschließlich in der Hand wechselnder Mehrheitsparteien, die das Gesetzgebungsverfahren in den Dienst ihrer politischen Zielsetzungen zu stellen suchten. Die Bedrohung der staatsbürgerlichen Freiheit durch die Omnipotenz des Gesetzgebers fand schließlich Ausdruck in dem Gesetzesbegriff des Positivismus, der jedem Gesetzesbeschluß der jeweiligen Parlamentsmehrheit ohne Rücksicht auf seinen unter Umständen gerechtigkeitsfeindlichen Inhalt die Qualität eines rechtlich verbindlichen und verpflichtenden Rechtssatzes zukommen ließ[104]). Mit dieser Gleichsetzung von Gesetz und Gerechtigkeit, Mehrheitswille und Staatswille hatte das Gesetz seine rechtsstaatliche Garantiefunktion zum Schutz der individuellen Freiheitsrechte endgültig eingebüßt und war — vom ursprünglichen Bollwerk gegenüber obrigkeitlicher Verwaltungswillkür — zum Einfallstor für Grundrechtsverletzungen eines gesetzgeberischen Mehrheitsabsolutismus geworden.

Trotz dieser Gefahr hielten Theorie und Praxis der Weimarer Verfassung von 1919 an der aus der Vorkriegszeit überkommenen Lehre von der Selbstherrlichkeit des Gesetzgebers fest und deuteten die Grundrechtssätze wiederum vorwiegend als kasuistische Umschreibungen des rechtsstaatlichen Grundsatzes von der Gesetzmäßigkeit der Verwaltung[105]). Da sie dem Vorbehalt des einfachen Gesetzes unterstanden (so z. B. Art. 114, Art. 115, Art. 111, Art. 122, Abs. 2, Art. 153, Abs. 1 RV u. a.), war der Gesetzgeber kraft dieses Vorbehalts ermächtigt, die persönliche Freiheit in beliebiger Weise und in be-

[102]) Schmitt, Reichsgericht, S. 67.

[103]) Vgl. dazu Leibholz, Bedrohung, S. 461 ff., und Schmitt, Legalität, S. 281 ff.

[104]) Vgl. zur positivistischen Gesetzeslehre v. Hippel, Verbindlichkeit, durchgehend und Schmitt, Legalität. S. 277 ff.

[105]) Vgl. Anschütz. S. 450, S. 479, S. 481, und Thoma, Grundrechte, S. 194 ff.; vgl. auch Thoma, System, S. 619: „liegt dem status negativus ... ein ganz allgemeiner Rechtsanspruch auf gesetzmäßige Freiheit zugrunde“.

liebigem Umfang einzuschränken, so daß nach einem vielzitierten Schlagwort diese sog. reichsgesetzeskräftigen Grundrechte in der Tat als „leerlaufend und überflüssig"[106]) bezeichnet werden konnten. Ihre positiv-rechtliche Wirkung erschöpfte sich in ihrer Bedeutung als spezielle Eingriffsermächtigungen für die normgebundenen Verwaltungs- und Justizorgane, während sie nach herrschender Lehre vom Gesetzgeber durch verfassungsänderndes Gesetz nach Art. 76 RV jederzeit aufgehoben und vernichtet werden konnten[107]). Den erst gegen Ende der Weimarer Zeit unternommenen Versuchen der Staatsrechtslehre, den Grundrechtssätzen gegenüber der Gesetzgebung durch Hervorhebung der ihnen innewohnenden institutionellen Garantie[108]) sowie durch Begrenzung der verfassungsändernden Gewalt Bestandsfestigkeit zu verleihen[109]), hatten keinen greifbaren Erfolg mehr[110]).

Der herrschende Rechtspositivismus duldete keinerlei Einschränkung der Parlamentssouveränität[111]) durch individuelle Verfassungsrechte und ließ in Einklang mit der konstitutionellen Anschauung Grundrechtsverletzungen als solche nur aus der Sphäre der Exekutive zu, obwohl die politischen Ereignisse es längst nicht mehr zuließen, in der volonté générale den Hüter und Garanten der Freiheitsrechte zu sehen[112]).

II. Die Begrenztheit des herkömmlichen Grundrechtsschutzes

Die Entwicklung der Grundrechte ist — wie die bisherige Untersuchung sichtbar gemacht hat — bis zur Reichsverfassung von 1919 entscheidend bestimmt einmal durch ihre der liberalen Staatsidee entsprechende negatorische Abwehrfunktion und zum anderen durch ihre einseitige Angriffsrichtung gegenüber den gesetzesanwendenden Staatsorganen unter Ausschluß der rechtsetzenden Gewalt. Diese zweifache Beschränkung spiegelt sich im System des herkömmlichen Grundrechtsschutzes getreu wieder, das damit „in seinem Aufbau und seiner Fortentwicklung der Gesamtstruktur des Rechts folgt, die ihrerseits wieder durch die Struktur des Staates bedingt wird"[113]).

---

[106]) Thoma, Grundrechte, S. 195; zur Kritik dieser Auffassung vgl. Schmitt, Verfassungslehre, S. 179 ff.

[107]) Vgl. Anschütz, S. 456, Fußnote 1.

[108]) Vgl. Schmitt, Verfassungslehre, S. 170 ff., und Freiheitsrechte, durchgehend sowie Huber, Bedeutungswandel, S. 37 ff.

[109]) Vgl. Schmitt, Verfassungslehre, S. 20 ff., S. 102 ff., und S. 176; hiergegen Thoma, Grundbegriffe, S. 154 f.

[110]) Vgl. Anschütz, a. a. O.: „ganz abwegige Lehre".

[111]) Vgl. dazu v. Hippel, Prüfungsrecht, S. 547 ff., und Jerusalem, Sp. 3.

[112]) Vgl. Schmitt, Reichsgericht, S. 101 ff., und Maunz, Staatsrecht, S. 76, S. 106: „... sind die Grundrechte der Weimarer Zeit ... untergegangen, als ihren Gegnern der Zugang zur staatlichen Gesetzgebung geglückt war".

[113]) Forsthoff, Lehrbuch I, S. 469, 3).

Ein allgemeiner und spezifischer Rechtsbehelf des Staatsbürgers zum Schutz seiner individuellen Verfassungsrechte ist in den konstitutionellen Einzelstaaten des 19. Jahrhunderts nur vereinzelt, in den Reichsverfassungen von 1871 und 1919 überhaupt nicht vorgesehen[114]). Die Staatsgerichtsbarkeit blieb ohne Bedeutung für die justizförmige Sicherung der Grundrechte, da sie in ihrer deutschen Ausgestaltung nicht den Sinn hatte, den Schutz der Verfassung dem Einzelnen anzuvertrauen, sondern Gerichtsbarkeit nur zur Austragung von Streitigkeiten der am Verfassungsprozeß beteiligten Staatsorgane war[115]).

Die Kontrolle über die grundrechtsmäßige Ausübung der Staatsgewalt liegt nach dem Ende der polizeistaatlichen Herrschaftsordnung bis zu den 60er Jahren des vorigen Jahrhunderts ausschließlich in der Hand selbständiger Straf- und Zivilgerichte und wird nach Überwindung dieser justizstaatlichen Form des Rechtsschutzes unabhängigen Verwaltungsgerichten anvertraut[116]), soweit die Grundrechtsverletzung von Hoheitsakten der Ordnungsverwaltung ausgeht.

In der Ausgestaltung des formellen Streitverfahrens tragen die Verwaltungsgerichtssysteme übereinstimmend dem reinen Verbotscharakter der klassisch-liberalen Freiheitsgrundrechte Rechnung, indem sie dem Betroffenen eine Abwehrklage in Gestalt der sog. Anfechtungsklage zur Verfügung stellen, mit deren Hilfe er seine Rechtsstellung gegenüber aktiven ungesetzmäßigen Eingriffen durch Polizei und Verwaltungsbehörden verteidigen kann[117]). Als negatorische Gestaltungsklage verfolgt sie allein das Ziel der Wiederherstellung der natürlichen Freiheit, d. h. die Aufhebung (Kassation) des grundrechtswidrigen Verwaltungsaktes durch negatives Gestaltungsurteil[118]). Der Gedanke einer Grundrechtsverletzung durch behördliches Unterlassen liegt der Logik des bürgerlichen Rechtsstaates und der Abwehrfunktion seiner Grundrechte so sehr fern, daß sich der individuelle Rechtsschutz in der Anfechtungsklage und die Befugnis der Verwaltungsgerichte in kassatorischer Tätigkeit erschöpft[119]). Eine auf die Vornahme bestimmter Handlungen gerichtete Leistungsklage nach Art der heutigen Verpflichtungsklage des § 42 der neuen bundeseinheitlichen Verwaltungsgerichtsordnung vom 21. 1. 1960 ist der Verwaltungsgerichtsbarkeit, wie sie nach 1863 in allen deutschen Ländern eingeführt wurde, entsprechend der Struktur der obrigkeitlichen Eingriffsverwaltung fremd[120]). Behördliches Unterlassen kann

[114]) Vgl. dazu Wintrich-Lechner, S. 670 f.

[115]) Vgl. hierzu a. a. O., S. 645 ff., und Geiger, Kommentar, S. XI ff.

[116]) Vgl. zu dieser Entwicklung Menger, S. 718 ff., Genzmer, S. 507 f., und Forsthoff, Lehrbuch I, S. 469 ff.

[117]) Vgl. Thoma, System, S. 620 f.

[118]) Vgl. Genzmer, S. 510 f.

[119]) Vgl. hierzu Bachof, Vornahmeklage, S. 2 f.

[120]) Vgl. zum früheren Recht Jellinek, W., Verwaltungsrecht, S. 254 f.

allenfalls in untätiger oder ausdrücklich ablehnender Verweigerung von polizeilichen Wirtschaftserlaubnissen (z. B. einer Bauerlaubnis) bestehen, gegen die sogar als einziger Rechtsbehelf nur die Anrufung der vorgesetzten Behörde oder eine Eingabe an die Volksvertretung gegeben ist[121]), niemals aber in der Verletzung von Grundrechtsnormen, die Verwaltungshandeln stets nur verbieten, ohne solches jemals zu gebieten. Dementsprechend ist der Grundrechtsschutz bis zur Weimarer Reichsverfassung, die in Art. 107 ihrerseits noch eine Verpflichtung zur Errichtung von Verwaltungsgerichten nur „zum Schutz der einzelnen gegen A n o r d n u n g e n und V e r f ü g u n g e n" normiert[122]), ausschließlich gegenüber tätigem Handeln der Verwaltungsbehörden aktualisiert. In dieser Rechtsschutzbegrenzung kommt nicht nur das der liberalen Staatsidee entsprechende materielle Grundrechtssystem und seine rechtstechnisch einseitige Ausrichtung auf verbietende Verhaltensbefehle zum Ausdruck, sondern zugleich auch die relative Geltungskraft der klassischen Freiheitsgrundrechte. Da sie als Spezialisierungen des allgemeinen „Urgrundrechts auf Gesetzmäßigkeit aller staatlichen Willensäußerungen"[123]) nur die Verwaltungsbehörden zu binden vermögen, nicht aber den Gesetzgeber, so kann es folgerichtig einen justizförmigen Schutz gegenüber der Legislative nicht geben. Der Verlagerung der Grundrechtswirksamkeit aus dem Verfassungsrecht in das Verwaltungsrecht entsprechend, konzentriert sich der gesamte Grundrechtsschutz bis 1945 in der Hand der Verwaltungsgerichte der Länder. Selbst dort, wo einzelne Staaten, wie die bayerische Verfassung von 1818 und die von 1919 ein besonderes Rechtsschutzmittel zur Sicherung der konstitutionellen Individualrechte in Gestalt der Verfassungsbeschwerde eingeführt haben, ist es nur gegen „die Tätigkeit einer Behörde" (so ausdrücklich § 93 der bayerischen Verfassung vom 14. 8. 1919) zugelassen, d. h. nur gegen Verwaltungs-, nicht aber gegen Gesetzgebungsakte[124]). Die Vorstellung grundrechtswidriger Rechtsetzungsakte, gegen die der Betroffenen gerichtlichen Schutz anrufen könnte, ist mit dem auf der Idee der Selbstherrlichkeit des Gesetzgebers beruhenden Gesetzespositivismus unvereinbar. Der optimistische Glaube an die Harmonie von Gesetz und Freiheit läßt den Anspruch des Bürgers auf Freiheit von materiell rechtswidrig erlassenen Gesetzen grundsätzlich ungeschützt, so daß eine Klagebefugnis auf Aufhebung solcher Emanationen des gesetzgeberischen Willens nicht besteht[125]).

---

121) Vgl. a. a. O.

122) Vgl. dazu Genzmer, S. 519, 2): „Nicht vorgeschrieben ist es ferner, wenn eine Behörde durch Untätigkeit das Recht eines Untertanen verletzt, weil man hier nicht nach dem Muster des Strafrechts die pflichtwidrige Unterlassung der Handlung gleichsetzen kann".

123) Schmitt, Grundrechte, S. 199 f.

124) Vgl. dazu Wintrich-Lechner, S. 670 f.

125) So Thoma, System, S. 620.

Die durch Grundrechte nicht eingeschränkte Souveränität des Gesetzgebers verbietet schließlich auch den Gerichten die Prüfung der materiellen Verfassungsmäßigkeit von formellen Gesetzen, eine Befugnis, die folgerichtig bis 1925 allgemein verneint wurde[126]), und entwertet selbst den verwaltungsgerichtlichen Grundrechtsschutz insofern, als der Gesetzgeber durch das in vielen Ländern bestehende sog. Enumerationsprinzip[127]) nach seinem Belieben darüber bestimmt, ob und gegen welche Akte der Exekutive das Verwaltungsstreitverfahren zuzulassen ist[128]).

So erscheint der herkömmliche Schutz der Grundrechte insgesamt bis zum Ende des zweiten Weltkrieges in doppelter Hinsicht lückenhaft und vom Standpunkt materieller Rechtsstaatlichkeit bedenklich. Erst der nach 1945 einsetzenden Rechtsentwicklung bleibt es vorbehalten, durch Einführung der Grundrechtsbindung auch des Gesetzgebers hierin grundlegenden Wandel zu schaffen.

C. Funktionswandel und Schutz der Grundrechte im Bonner Grundgesetz

Die Wandlungen der soziologischen Situation haben nach dem Ende des Ersten Weltkrieges den bürgerlichen Rechtsbewahrstaat liberaler Prägung über sich selbst hinaus geführt in Richtung auf den sozialgestaltenden Wohlfahrtsstaat[129]) und das Verhältnis des Individuums zu der im Staat organisierten Gemeinschaft auf eine völlig neue Grundlage gestellt. Mit der fortschreitenden Industrialisierung und Technisierung ist der Einzelne als Glied einer spezialisierten und arbeitsteiligen Massengesellschaft mit ihren krisenhaften Schwankungen von Angebot und Nachfrage seiner wirtschaftlichen Selbstversorgungskraft beraubt worden und in einen Zustand existentieller Abhängigkeit vom Staat geraten, in dem die klassischen Freiheitsgrundrechte ohne soziale Sicherheit weitgehend ihren Sinn verloren haben[130]). Denn ohne Freiheit von materieller Not läßt sich die Freiheit der Person nicht entfalten, deren Ausübung nicht zuletzt von den sozialen Bedingungen der menschlichen Existenz abhängt[131]). Neben den „Anspruch auf Unbehelligtsein"[132]) ist daher der staatsgerichtete Anspruch auf gerechte Teilhabe an den daseinsnotwendigen Gütern getreten, neben das Verlangen auf Freiheit vom Staat die

---

126) Vgl. hierzu v. Hippel, Prüfungsrecht, S. 549 ff., Anschütz, S. 323 ff., und Schmitt, Reichsgericht, S. 70 ff.
127) Vgl. dazu Peters, Lehrbuch, S. 195 f., und Genzmer, S. 511.
128) So schon Menger, S. 741.
129) Vgl. dazu Dürig, Verfassung, S. 193 ff.
130) So auch Hesse, S. 220.
131) So auch Hamel, S. 23 ff., und Kaufmann, Grundrechte, S. 81.
132) Kern, S. 87.

Forderung an den Staat[133]). Dieser aus der veränderten Daseinswirklichkeit des modernen Menschen folgende Beziehungswandel zum Staat hat sich folgerichtig in der neuen, dem positiven Status zugehörigen Kategorie der sog. sozialen Grundrechte[134]) niedergeschlagen, die als Rechte auf staatliche Leistungen „nicht Abwehr, sondern im Gegenteil Tätigwerden des Staates und Ausbreitung seiner Intervention“[135]) fordern.

Das Bonner Grundgesetz hat in der Ausgestaltung seines Grundrechtekatalogs dem zwiespältigen Anliegen des heutigen Menschen an den Staat in Gestalt von Abwehr und Forderung[136]) weitgehend Rechnung getragen. Es hat zwar hauptsächlich die herkömmlichen Freiheitsgrundrechte in ihren überlieferten Formulierungen restauriert, sich aber durch die Verpflichtung aller staatlichen Gewalt zum Schutz der Menschenwürde (Art. 1 Abs. 1, S. 2 GG[137])) sowie durch das Bekenntnis zum sozialen Rechtsstaat (Art. 20, Abs. 1 und Art. 28, Abs. 1 GG) in Abkehr von der Nachtwächterrolle des liberalen Rechtssicherheitsstaates für die Zuständigkeit und Verantwortlichkeit des Staates entschieden, die Sozialordnung zu gestalten und zu erhalten[138]). Aus diesem Selbstverständnis der Verfassung haben Theorie und Praxis das wichtigste aller sozialen Grundrechte, das Recht des Einzelnen auf staatliche Fürsorge abgeleitet[139]). Andere Sozialrechte gewähren die Schutznormen der Art. 6, Abs. 1 und 4 GG, das Recht auf Enteignungsentschädigung (Art. 14, Abs. 3, S. 2 GG[140])) sowie in einem weiteren Sinne auch Art. 6, Abs. 5 GG.

Von den obersten Werten der Verfassung her, von Menschenwürde und Sozialstaatlichkeit, die über Art. 19, Abs. 2 GG in den Wesensgehalt der Einzelgrundrechte mit neuem Inhalt eindringen[141]), haben auch die traditionellen Freiheitsgrundrechte einen Bedeutungswandel erfahren, der sie wesentlich von den negatorischen Abwehrrechten des sich vom Staat distanzierenden autonomen Individuums unterscheidet. Sie setzen den Menschen als Person in seiner Gemeinschafts-

---

133) Vgl. dazu Scheuner, Grundfragen, S. 130 ff.

134) Vgl. dazu Kaufmann, S. 84 ff., Scheuner, Garantien, S. 96 ff., und Huber, Verfassungsrechte, S. 149 ff.

135) Scheuner, a. a. O., S. 97.

136) Vgl. dazu Jahrreiss, Freiheit, S. 71 ff., und Pinger, S. 1 ff.

137) Hierzu eingehend Wertenbruch, durchgehend.

138) Zur Sozialstaatsklausel vgl. Gerber, S. 5 ff., und Bachof, Rechtsstaat, durchgehend.

139) Vgl. Maunz-Dürig, Art. 1, Abs. 1 GG, Randnr. 43 f., Wintrich, Problematik, S. 19, sowie BVerwGE, Bd. 1, S. 159 (Urt. v. 24. 6. 1954 — VC 78/54); vgl. dazu des näheren u. S. 60 ff.

140) Ebenso Maunz, Staatsrecht, S. 82; a. A. Löw, Grundrechtsbegriff, S. 132.

141) So schon Dürig, Menschenwürde, S. 136 ff., Wintrich, Problematik, S. 19, und Löw, Grundrechtsbegriff, S. 130.

bezogenheit und Gemeinschaftsgebundenheit voraus[142]) und verkörpern im Gegensatz zur liberalen Grundrechtsidee weniger individuelle Rechtsbeziehungen als ein geschlossenes System objektiver Gemeinschafts w e r t e ,[143]) das den Dualismus von Staat und Gesellschaft überwindet und im Satz von der Menschenwürde seine geistige Mitte findet[144]). Die von der Sozialexistenz des Menschen her verstandene Freiheit kann deshalb nicht mehr „prinzipiell unbegrenzt"[145]) sein, sie ist vielmehr „von vornherein sozialgebundene und sozialbereite Freiheit[146]) und wird als solche von den wohlfahrtsstaatlichen Aufgaben der öffentlichen Gewalt, deren Verwirklichung ohne Freiheitsverkürzung nicht möglich ist, begrenzt[147]).

Einzelne klassische Freiheitsrechte, wie das Recht auf Leben (Art. 2, Abs. 2, S. 1 GG[148])) oder der Gleichheitssatz des Art. 3 GG, der vom Gebot nach gleichem Recht für alle in der Gegenwart zum Gebot gleicher Teilhabe an den staatlichen Versorgungsleistungen geworden ist[149]), erfahren unter der Einwirkung des Art. 20, Abs. 1 GG eine Erweiterung ihrer ursprünglich rein negativen (defensiven) Wirkung in Richtung auf eine positive, sozialbezogene Verfassungsfunktion. Sie erfüllen damit die ihnen durch eine veränderte Verfassungswirklichkeit zugefallene neue Aufgabe, die Ausübung der Freiheit nicht nur abwehrend gegen staatlichen Eingriff, sondern durch positive Gestaltung der sozialen Lebensordnung auch gegenüber einer Verkümmerung der ökonomischen Existenz des Menschen zu garantieren[150]).

Indem das Bonner Grundgesetz sich im Zeichen der Menschenwürde zu „unveräußerlichen Menschenrechten als Grundlage jeder menschlichen Gemeinschaft" (Art. 1, Abs. 2 GG) bekannte, hat es den Katalog der Einzelgrundrechte „unter weitgehender Eliminierung ihres liberalen Gehalts"[151]) auf eine positive Ordnung objektiver Werte[152])

---

142) So BVerfGE, Bd. 4, S. 15 f. (Urt. v. 20. 7. 1954 — 1 BvR 459/52, 114/54): „Das Menschenbild des Grundgesetzes ist nicht das eines isolierten souveränen Individuums . . ."

143) Vgl. dazu Hamel, S. 14 ff.

144) Ebenso Wintrich, Problematik, S. 13 ff., Dürig, Menschenwürde, S. 117 ff., und v. Hippel, Naturrecht, S. 364: „Wurzel aller wahren Grundrechte".

145) Schmitt, Verfassungslehre, S. 164.

146) Maunz-Dürig, Art. 2, Abs. 1 GG, Randnr. 25.

147) Vgl. dazu a. a. O. Randnr. 24 ff., Huber, Wirtschaftsverfassungsrecht, S. 202, und Wintrich, Problematik, S. 24.

148) Vgl. etwa Pinger, S. 88 ff., und Maunz-Dürig, Art. 2, Abs. 2 GG, Randnr. 26 f.

149) Vgl. Hesse, S. 185 f., S. 219 ff., Henze, S. 100, und Ipsen, S. 173 ff. Vgl. hierzu des näheren u. S. 71.

150) Vgl. zum Zusammenhang von „Freiheit" und „Teilhabe" Hesse, a. a. O., und Hamel, S. 19, S. 23 ff., S. 29.

151) Forsthoff, Umbildung, S. 47.

152) Vgl. BVerfG, NJW, 1958, S. 257 r. (Urt. v. 15. 1. 1958 — 1 BvR 400/57).

zurückgeführt, die den Menschen nicht mehr vom Staat isolieren, sondern im Gegenteil Ausdruck einer „verbindenden Beziehung“[153]) zur staatlichen Gemeinschaft sind. Die Grundrechtsanwendung ist damit zur geisteswissenschaftlichen Wertverwirklichung und der Grundrechtsschutz zum Schutz aufbauender Werte geworden, eine gegen Ende der Weimarer Zeit angebahnte [154]) und vom Grundgesetz fortgeführte Entwicklung, die, obwohl in der Gegenwart nicht ohne kritischen Widerspruch geblieben[155]), in diesem Zusammenhang nicht weiter zu verfolgen ist.

Als Voraussetzung für die Möglichkeit der Grundrechtswidrigkeit einer gesetzgeberischen Unterlassung ist für den weiteren Gang der Untersuchung entscheidend allein die rechtsgeschichtlich neuartige Grundrechtsbindung der Gesetzgebung sowie die damit verbundene Erweiterung des Grundrechtsschutzes, denen sich die nun folgenden Ausführungen zuzuwenden haben.

I. Die absolute Geltungskraft der Grundrechte

Unter dem historischen Eindruck des die Rechtsidee verneinenden Gesetzespositivismus, dessen Herrschaft die Weimarer Verfassung und ihre Grundrechte im „legalen“ Ansturm eines totalen staatlichen Machtanspruchs schnell und gründlich zum Opfer fallen mußten, haben die Schöpfer des Bonner Grundgesetzes dem auf Rousseau zurückgehenden „Postulat ungebundener demokratischer Rechtsetzung“[156]) eine deutliche Absage erteilt[157]) und die Grundrechte soweit wie möglich der Verfügungsgewalt des Gesetzgebers entzogen. Diese politische Grundentscheidung, mit der in der Tat eine „kopernikanische Wendung“[158]) vollzogen worden ist, kommt zunächst in Art. 1, Abs. 3 GG zum Ausdruck, dessen „umwälzendste Aussage“[159]) darin besteht, daß die nachfolgenden Grundrechte neben Verwaltung und Rechtsprechung a u c h die Gesetzgebung „als unmittelbar geltendes Recht“ binden[160]). Damit sind sie dem rechtsetzenden Staatswillen gegenüber positiviert und aktualisiert und aus ihrer früheren „Ver-

---

153) Smend, Bürger, S. 318.

154) Grundlegend dazu Smend, Verfassung, S. 260 ff., S. 264 f., und Smend, Bürger, S. 314 ff.

155) Vgl. Forsthoff, Umbildung, durchgehend.

156) Huber, H., Verfassungsrechte, S. 152 f.

157) Ebenso Maunz-Dürig, Art. 1, Abs. 3 GG, Randnr. 103.

158) Geiger, Rechtsprechung, S. 15.

159) Maunz-Dürig, Randnr. 101, 2c bb).

160) Vgl. v. Mangoldt-Klein, Art. 1 GG, V 3 b): „. . . hat das Grundgesetz über die Weimarer Reichsverfassung hinausgehend für die Grundrechte den Grundsatz der Konstitutionalität auch gegenüber dem Gesetzgeber . . . verwirklicht“.

waltungsbezogenheit grundsätzlich herausgeführt"[161]). Selbst dort, wo die Verfassung den einfachen Gesetzgeber ausdrücklich zu Grundrechtseinschränkungen ermächtigt, ist diese Befugnis gemäß Art. 19, Abs. 1 GG durch das Verbot einzelfallmäßiger Beschränkung, durch strenge Formerfordernisse sowie durch die Wesensgehaltsperre des Art. 19, Abs. 2 GG[162]) so sehr eingeengt, daß der Gefahr ihrer Entwertung durch einen schrankenlosen Gesetzesvorbehalt weitgehend vorgebeugt ist. Dies gilt umso mehr, als durch die Bindung der Gesetzgebung an Grundrechte und verfassungsmäßige Ordnung (Art. 20, Abs. 3 GG[163])), die nach Art. 79, Abs. 3 GG selbst dem Belieben einer verfassungsändernden Parlamentsmehrheit entrückt sind, die Geltung des Gesetzes diesem Wertbekenntnis der Verfassung zufolge seine Rechtfertigung nicht mehr in der bloßen Positivität findet, sondern in seinem rechtsstaatlichen Zusammenhang mit der ratio materieller Gerechtigkeit[164]).

Der Ewigkeitsentscheidung des Art. 79, Abs. 3 GG läßt sich auch die Antwort auf die Frage nach der Bestandsfestigkeit der Grundrechte in der Ordnung des Bonner Grundgesetzes entnehmen. Da hierin „die in Art. 1 und 20 niedergelegten Grundsätze" und damit auch die Bindungsklausel des Art. 1, Abs. 3 GG einer zulässigen Verfassungsänderung entzogen werden, kann nicht ernsthaft bestritten werden, daß bestimmte, dem Art. 1, Abs. 3 GG „nachfolgende" Grundrechte in legaler Weise nicht beseitigt werden dürfen[165]). Denn die isolierte Unverbrüchlichkeitserklärung einer Verfassungsnorm, die den Gesetzgeber für gebunden erklärt an die ihr nachfolgenden Grundrechte, müßte jedes Sinnes entbehren, wenn sich die Unabänderlichkeit nicht gleichzeitig auch auf gewisse Grundrechte selbst erstrecken würde. Die Frage kann deshalb nicht dahin lauten, ob überhaupt Grundrechte einer Verfassungsänderung entzogen sind, sondern nur dahin, welche Bestimmungen der Art. 2 bis Art. 19 GG nicht aufgehoben werden dürfen. Den gesamten Grundrechtekatalog kann freilich die Garantie des Art. 79, Abs. 3 GG nicht umfassen[166]), da sie nicht die Art. 1 bis Art. 20 GG, sondern nur die in den Art. 1 und 20 GG enthaltenen Grundsätze für unabänderlich erklärt. Absoluten Bestandsschutz genießen nur solche Grundrechte und nur insoweit, als sich in ihnen über Art. 19, Abs. 2 GG der unantastbare

---

[161]) Muth, Die Grundrechte in der deutschen Verfassungsentwicklung des 19. und 20. Jahrhunderts, S. 667; nach v. Mangoldt-Klein, Art. 1 GG, V 1).

[162]) Vgl. hierzu Hamel, S. 38 ff., und Wertenbruch, S. 80 ff.

[163]) Zur Gegenstandsbestimmung Pinger, S. 32 ff.

[164]) So auch Hamann, Kommentar, Einf. I D 7 a).

[165]) So aber zu Unrecht Wertenbruch, S. 139: „. . . kommt den Art. 2 bis 19 GG nur der Schutz des Art. 79, Abs. 2 GG zu".

[166]) So aber fälschlich Bonner Kommentar/Wernicke, Art. 1 GG, II, 5 b: „Kettenreaktion" des Art. 1, Abs. 3 GG. Vgl. hiergegen Nöfer, S. 70 ff., S. 84, sowie Maunz-Dürig, Art. 79 GG, Randnr. 39.

Menschenwürdegehalt des Art. 1, Abs. 1 GG spezialisiert[167]) oder soweit sie sich als Ableitungen aus den Staatszielbestimmungen des Art. 20, Abs. 1 GG darstellen, wie etwa das demokratische Grundrecht des Art. 5 GG[168]). Im übrigen unterliegen sie allerdings der Aufhebung durch einen verfassungsändernden Gesetzesbeschluß.

Immerhin hat das geltende Verfassungsrecht durch das Zusammenwirken aller genannten Sicherungsmittel den Grundrechten gegenüber der Legislative einen so hohen Grad an rechtlicher Geltungskraft verliehen, daß Gesetzen Gültigkeit heute „nur im Rahmen der Grundrechte" zukommt, während noch die Weimarer Reichsverfassung umgekehrt „Grundrechte nur im Rahmen der Gesetze" gewährte[169]).

II. Der Umfang des Grundrechtsschutzes im Grundgesetz

Die in der Überordnung der Grundrechte über die Gesetzgebung zum Ausdruck kommende Aufwertung ihrer rechtlichen Wirksamkeit hätte freilich nur unvollkommen bleiben müssen, wenn sie nicht gleichzeitig verstärkt und ergänzt worden wäre durch die umfassende Rechtsschutzgarantie des Art. 19, Abs. 4 GG[170]). Sie verwirklichte erst die „rechtsstaatliche Forderung nach möglichst lückenlosem gerichtlichen Schutz gegen die Verletzung der Rechtssphäre des einzelnen durch Eingriffe der öffentlichen Gewalt"[171]) und nimmt — was nicht länger zweifelhaft sein sollte — als Folgerung aus dem Rechtsstaatsprinzip des Art. 20, Abs. 1 GG an der Bestandsfestigkeit teil, die Art. 79, Abs. 3 GG jener Fundamentalnorm gegenüber einer Verfassungsrevision verleiht[172]). Das Schwergewicht des Art. 19, Abs. 4 GG, der nicht eine bestimmte, sondern irgendeine Gerichtsbarkeit institutionell garantiert[173]), liegt freilich nach herrschender Auslegung auf dem Gebiet des Verwaltungsrechts und des Verwaltungsprozeßrechts[174]). Dort war und ist durch die Generalklauseln der früheren Verwaltungsgerichtsgesetze der Länder[175]) und der heutigen bundeseinheitlichen Verwaltungsgerichtsordnung vom 21. 1. 1960 die Grundrechtssphäre des Einzelnen negativ gegenüber Verwaltungsakten der Eingriffsverwaltung in Gestalt der Anfechtungs- und positiv gegen Unterlassungen von Amtshandlungen der Leistungsverwal-

167) Ebenso Maunz-Dürig, Art. 79 GG, Randnr. 41 f., und Nöfer, S. 134 f.
168) So auch Maunz, Staatsrecht, S. 101 d).
169) Krüger, Herb., Einschränkung, S. 626.
170) Vgl. Geiger, Rechtsprechung, S. 16 f.: „Rechte werden erst dann praktisch bedeutsam, für den Inhaber interessant und wirklich effektiv, wenn sie gerichtlichen Schutz genießen ..."
171) BVerfG, NJW, 1959, S. 477 r. (Beschl. v. 12. 11. 1958 — 2 BvL 4, 26, 40/56, 1, 7/57).
172) So auch offenbar Hamann, Kommentar Einf. I D 7 a), und Maunz, Staatsrecht, S. 58 f.; a. A. Maunz-Dürig, Art. 19 Abs. 4 GG, Randnr. 4.
173) Ebenso Maunz-Dürig, a. a. O., Randnr. 3, c).
174) Vgl. dazu a. a. O., Randnr. 7 und Randnr. 19.
175) Vgl. hierzu Menger, S. 740 ff., S. 761 ff.

tung durch Vornahme- bzw. Verpflichtungsklage in umfassender Weise abgeschirmt (vgl. § 42 VwGO). Die letztere Klageform verwirklicht insbesondere den gerichtlichen Schutz, den Art. 19, Abs. 4 GG nach herrschender und zutreffender Ansicht auch gegenüber grundrechtsverletzenden Unterlassungen der Exekutive gewährleistet[176]) und die namentlich in der Vorenthaltung materieller Güter unter Verletzung des Gleichheitssatzes bestehen können[177]). Mit ihrer Hilfe kann nämlich der Betroffene „die Verurteilung zum Erlaß eines abgelehnten oder unterlassenen Verwaltungsaktes" begehren (§ 42 VwGO[178])), eine Neuerung des modernen Grundrechtsschutzes, die dem früheren Recht unbekannt war[179]). Die Befugnis des Verwaltungsgerichts ist bei der Entscheidung über eine Verpflichtungsklage gegenüber der reinen Kassationsbefugnis in Anfechtungssachen erweitert, indem es bei Spruchreife in reformatorischer Weise[180]) die Verpflichtung der Verwaltungsbehörde aussprechen kann, „die beantragte Amtshandlung vorzunehmen, soweit die Ablehnung oder Unterlassung des Verwaltungsaktes rechtswidrig und der Kläger dadurch in seinen Rechten verletzt ist" (§ 113, Abs. 4 VwGO).

Für den Bereich der Rechtsetzung ist dagegen das in Art. 19, Abs. 4 GG verbürgte subjektive „Grundrecht des einzelnen auf Rechtsschutz"[181]) bislang wertlos geblieben, da die herrschende Lehre die Gesetzgebung aus dem Begriff der „öffentlichen Gewalt" ausklammert[182]). Sie macht für diese vom Wortlaut her nicht gebotene Einschränkung geltend, daß die richterliche Nachprüfung staatlicher Gesetze auf ihre Grundrechtsmäßigkeit mit der Möglichkeit der sog. abstrakten und konkreten Normenkontrolle der Art. 93, Abs. 1, Nr. 2 und Art. 100, Abs. 1 GG spezialgesetzlich und deshalb abschließend geregelt sei[183]). In der Tat hat das richterliche Prüfungsrecht, das der Art. 100 GG „mittelbar bestätigt"[184]), erhebliche Bedeutung für die Wahrung der Grundrechte gegenüber dem Gesetzgeber gewonnen, da es jeden Richter dazu verpflichtet, den Inhalt der anzuwendenden Gesetzesnorm a u c h auf seine sachliche Vereinbarkeit mit den übergeordneten Grundrechtsnormen der Verfassung inzident zu überprüfen und im Falle seiner Gültigkeitsverneinung wegen Grundrechts-

---

176) So Maunz-Dürig, Art. 19, Abs. 4 GG, Randnr. 21; Bachof, Vornahmeklage, S. 16; Bettermann, Grundrechte, S. 797.

177) Vgl. Henze, S. 100 f.

178) Vgl. dazu Bettermann, Verpflichtungsklage, durchgehend.

179) Vgl. hierzu Jellinek, W., Verwaltungsrecht, S. 254 f.

180) Vgl. Hinderling, S. 30 ff., S. 48 ff.

181) Maunz-Dürig, Art. 19, Abs. 4 GG, Randnr. 7; vgl. auch Randnr. 2.

182) Vgl. die Schrifttumsübersicht a. a. O., Randnr. 18, sowie Pfeiffer, S. 163 f. 8).

183) So v. Mangoldt-Klein, Art. 19 GG, VII 2 d, und Pfeiffer, a. a. O.

184) Wintrich-Lechner, S. 660.

widrigkeit die Entscheidung des Bundesverfassungsgerichts einzuholen[185]).

Sein begrenzter Wert für den justizförmigen Grundrechtsschutz liegt jedoch darin, daß sich im Wege des Normenkontrollverfahrens nur solche Grundrechte gegenüber der Gesetzgebung durchsetzen lassen, die ein legislatives Handeln negativ abwehren wollen und sich technisch als Verbotsnormen darstellen. Dies folgt unzweifelhaft daraus, daß sowohl nach Art. 100, Abs. 1 GG („Hält ein Gericht ein Gesetz ... für verfassungswidrig ...") als auch nach Art. 93, Abs. 1, Nr. 2 GG („Vereinbarkeit von Bundesrecht oder Landesrecht mit diesem Grundgesetz")[186]) Gegenstand einer Normenkontrolle nur das Ergebnis gesetzgeberischen Handelns sein kann, d. h. ein in formeller Geltung stehender Rechtsetzungsakt, niemals aber ein gesetzgeberisches Unterlassen. Den gebietenden Grundrechtsbestimmungen des positiven Status, insbesondere den sog. sozialen Grundrechten, die nach herrschender Ansicht auf die Entfaltung gesetzgeberischer Tätigkeit abzielen und ohne Konkretisierung durch die rechtsetzende Gewalt leere Verfassungsversprechen bleiben[187]), versagt damit die herrschende Deutung des Art. 19, Abs. 4 GG durch den Ausschluß der Rechtsetzung aus dem Begriff der öffentlichen Gewalt jede gerichtlich zu erzwingende Durchsetzbarkeit. Die Lückenlosigkeit des vom Verfassungsgeber in Art. 19, Abs. 4 GG erstrebten vollkommenen Individualrechtsschutzes, der gegenüber der Legislative durch Art. 93 und Art. 100 GG nur teilweise verwirklicht werden kann, läßt sich jedoch nur durchführen, wenn anerkannt wird, daß der Begriff der öffentlichen Gewalt auch die Gesetzgebungsgewalt mitumfaßt[188]). Nur durch dieses Auslegungsergebnis, das allein der von der herrschenden Lehre geforderten extensiven Interpretation[189]) entspricht und dem Zweck des Art. 19, Abs. 4 GG gerecht zu werden vermag, kann sichergestellt werden, daß Grundrechtsverletzungen des Gesetzgebers durch Unterlassen nicht von der umfassenden Rechtsschutzgarantie der Verfassung ausgesperrt bleiben. Ihre Einbeziehung in Art. 19, Abs. 4 GG erscheint umso dringlicher, als das Grundgesetz eine Verfassungsbeschwerde, mit deren Hilfe auch eine durch Unterlassen begangene Grundrechtswidrigkeit des Gesetzgebers gerügt werden könnte, selbst nicht vorsieht und auch durch sein Bekenntnis zur Rechtsstaatlichkeit nicht erfordert[190]).

---

185) Vgl. dazu a. a. O., S. 660 ff., sowie Pfeiffer, S. 298 ff.

186) Vgl. zur abstrakten Normenkontrolle Wintrich-Lechner, S. 666 ff.

187) Vgl. Scheuner, Garantien, S. 97 f., Kaufmann, Grundrechte, S. 84 f., sowie Huber, Verfassungsrechte, S. 157 ff. Vgl. des näheren hierzu u. S. 87 ff. Vgl. auch u. S. 63.

188) So zutreffend auch Maunz-Dürig, Art. 19, Abs. 4 GG, Randnr. 18; Bettermann, Grundrechte, S. 789 f.; Hamann, Kommentar, Art. 19 GG, 11.

189) Vgl. Maunz-Dürig, a. a. O., Randnr. 9 mit weiteren Nachweisen.

190) So auch VerfGH, NJW, 1959, S. 1628 r. (Urt. v. 16. 3. 1959 — VGH 2/58).

Im Hinblick auf die vom Gesetz über das Bundesverfassungsgericht unter der formellen Deckung des Art. 93, Abs. 2 GG eingeführte Verfassungsbeschwerde ist die durch Art. 19, Abs. 4 GG begründete Ersatzzuständigkeit des ordentlichen Rechtsweges für den Schutz gebietender Grundrechtsnormen gegenüber der Legislative zur Zeit freilich ohne Bedeutung. Denn sie wird als subsidiäre Zuständigkeit jedenfalls insoweit von der „anderen Zuständigkeit" (Art. 19, Abs. 4, S. 2 GG) des Bundesverfassungsgerichts verdrängt, da die ordentliche Gerichtsbarkeit nach ihrem gegenwärtigen Aufgabenkreis im Verhältnis zur Verfassungsgerichtsbarkeit gegenüber gesetzgeberischer Untätigkeit keinen ausreichenden Individualrechtsschutz zu gewähren vermag[191]). Ihre durch Art. 19, Abs. 4 GG geschaffene aushilfsweise Zuständigkeit müßte jedoch dann eintreten, wenn das Gesetz über das Bundesverfassungsgericht, das nur die Bestandsfestigkeit eines einfachen Bundesgesetzes genießt, ersatzlos aufgehoben würde. Gerade mit Rücksicht hierauf ist nachdrücklich zu betonen, daß die Vorschriften der §§ 90 ff. BVerfGG einen gerichtlichen Schutz gegenüber einer Verletzung gebietender Grundrechtsbestimmungen durch Unterlassen des Gesetzgebers nicht erst eröffnen, sondern die mit Verfassungsrang versehene Rechtsweggarantie des Art. 19, Abs. 4 GG auch insoweit nur „ausführen", konkretisieren und spezialisieren"[192]).

Die nachfolgenden Untersuchungen über die Frage, inwieweit Grundrechtsverletzungen des Gesetzgebers durch Unterlassen im Wege der Verfassungsbeschwerde gerügt werden können, gewinnen daher erhebliche Bedeutung auch für die Auslegung des Art. 19, Abs. 4 GG, zumal der Dreiklang der Begriffe: „Verletzen" — „in seinen Rechten" — „durch die öffentliche Gewalt" mit der Formulierung des § 90, Abs. 1 BVerfGG nahezu völlig übereinstimmt.

---

[191]) Vgl. Maunz-Dürig, Art. 19, Abs. 4 GG, Randnr. 54: „Soweit im übrigen die Verfassungsgerichte Individualrechtsschutz gewähren, geht ihre Zuständigkeit der Ersatzzuständigkeit der ordentlichen Gerichte vor". Vgl. dazu auch u. S. 114 ff.

[192]) Bettermann, Grundrechte, S. 790.

Zweiter Abschnitt

DIE BESONDEREN ZULÄSSIGKEITSVORAUSSETZUNGEN DER VERFASSUNGSBESCHWERDE GEGEN UNTERLASSUNGEN DES GESETZGEBERS

Wie nach dem fundamentalen Grundsatz des allgemeinen Prozeßrechts über die Begründetheit eines Rechtsschutzgesuchs nicht vor seiner Zulässigkeit sachlich entschieden werden darf, so vermag auch die Verfassungsbeschwerde in den Bereich materiell-rechtlicher Prüfung erst nach Bejahung ihrer Zulässigkeitsvoraussetzungen zu gelangen[193]). Diese hängen in ihrer jeweiligen Ausgestaltung jedoch nicht nur von der Natur des angefochtenen Hoheitsaktes (Rechtsetzungs-, Rechtsprechungs- oder Verwaltungsakt ab)[194]), sondern darüber hinaus auch von der Art des grundrechtswidrigen Verhaltens (Tun oder Unterlassen). Denn während nach den Vorschriften der §§ 90 ff. BVerfGG jedes Handeln des Gesetzgebers angefochten werden kann, sofern der Beschwerdeführer durch die angegriffene Gesetzesnorm selbst, gegenwärtig und unmittelbar in einem seiner Grundrechte verletzt worden ist[195]), ist ein legislatorisches Nicht-Handeln, wenn überhaupt, so nur dann beschwerdefähig, wenn es sich als Verstoß gegen eine verfassungsrechtliche Gebotsnorm darstellt.

Die Rechtspflicht zur gesetzgeberischen Initiative, deren Verletzung die Grundrechtswidrigkeit einer parlamentarischen Unterlassung begründet, wird damit zum zentralen Ausgangspunkt für die Zulässigkeitsprüfung einer Unterlassungsbeschwerde. Sie stellt sich als ein besonderes prozessuales Erfordernis dar, weil ihr naturgemäß Bedeutung nur für die Zulässigkeit einer Unterlassungsrüge zukommt. Mit logischem Vorrang ist sie in induktivem Verfahren vor den allgemeinen Zulässigkeitsvoraussetzungen zu erörtern, weil deren Vorliegen einer Unterlassungsbeschwerde ohnehin nicht zur Zulässigkeit verhelfen könnte, wenn die Möglichkeit einer parlamentarischen Rechtsetzungspflicht als primärer Prozeßvoraussetzung bereits a limine verneint werden müßte. Eine induktive Untersuchungsmethode erscheint aber auch dann zwingend geboten, wenn diese besondere Zu-

193) Vgl. Wintrich-Lechner, S. 704 ff. und S. 706, 8 a.
194) Vgl. dazu Pfeiffer, S. 10 ff., S. 16 ff.
195) So das Bundesverfassungsgericht ständig seit BVerfGE, Bd. 1, S. 101 (Beschl. v. 19. 12. 1951 — 1 BvR 220/51). Vgl. hierzu auch Pfeiffer, S. 13 ff.

lässigkeitsvoraussetzung bejaht werden kann, weil in diesem Falle einzelne der allgemeinen Prozeßvoraussetzungen, wie die Erschöpfung des Rechtsweges (§ 90, Abs. 2 BVerfGG) in Wegfall geraten[196]), was sich dem Verständnis nur auf der Grundlage nachfolgender Erörterungen erschließen kann.

So ist zunächst in Teil A des vorliegenden Abschnitts die Möglichkeit eines verfassungsrechtlichen Gesetzgebungszwanges in grundsätzlicher Hinsicht zu untersuchen, während in Teil B diese Möglichkeit als Vorbedingung einer Unterlassungsbeschwerde anhand einzelner Grundrechtsnormen beispielhaft zu erläutern ist.

A. Die Handlungs- (Rechtsetzungs-) pflicht des Gesetzgebers als besondere Zulässigkeitsvoraussetzung

Nach § 90, Abs. 1 BVerfGG gehört zur Zulässigkeit der Verfassungsbeschwerde als erste und wichtigste Voraussetzung die schlüssige Behauptung des Beschwerdeführers, durch die öffentliche Gewalt, zu der nach absolut einhelliger Ansicht auch die Gesetzgebung zählt[197]), „in einem seiner Grundrechte oder in einem seiner in Artikel 33, 38, 101, 103 und 104 des Grundgesetzes enthaltenen Rechte verletzt zu sein“[198]). Damit steht bereits auf Grund des Gesetzeswortlautes außer Zweifel, daß mit Hilfe der Verfassungsbeschwerde j e d e Art von Grundrechtsverletzung gerügt werden kann, mag sie in positivem Tun oder in passiver Unterlassung des verletzenden Hoheitsträgers bestehen. Dieses Auslegungsergebnis verdichtet sich zur vollen Gewißheit angesichts des § 95, Abs. 1 BVerfGG, der für den Inhalt der einer Verfassungsbeschwerde stattgebenden gerichtlichen Entscheidung die Feststellung vorschreibt, „welche Vorschrift des Grundgesetzes und durch welche Handlung oder U n t e r l a s s u n g sie verletzt wurde“. Da mit Hilfe der Verfassungsbeschwerde die Verletzung anderer Rechte als die vom Katalog des § 90 Abs. 1 BVerfGG umfaßten Grundrechte in zulässiger Weise nicht gerügt werden kann[199]), muß angenommen werden, daß nach der Vorstellung des Gesetzgebers die Verletzung von Grundrechten auch durch Unterlassen erfolgen kann. Das Bundesverfassungsgericht hat denn auch in seiner ersten einschlägigen Entscheidung die Möglichkeit grundrechtswidriger Unterlassungen im Hinblick auf § 95, Abs. 1 BVerfGG ausdrücklich anerkannt, einschränkend jedoch den Standpunkt vertreten,

---

[196]) Vgl. dazu u. S. 114 ff.

[197]) Vgl. etwa Wintrich-Lechner, S. 675, und Geiger, Kommentar § 90 BVerfGG, 3.

[198]) So schon BVerfGE, Bd. 3, S. 73 f. (Urt. v. 17. 12. 1953 — 1 BvR 147/52).

[199]) Vgl. dazu Pfeiffer, S. 27; Zeidler, K., durchgehend und Lechner, Kommentar, § 90 BVerfGG, ergänzende Erläuterungen zu 3).

daß es sich dabei regelmäßig nur um die Unterlassung von Handlungen der verwaltenden oder rechtsprechenden Instanzen handeln könne, nicht aber um Unterlassungen des Gesetzgebers. Dafür spreche schon der Wortlaut des § 95 BVerfGG, der für den Fall, daß der Verfassungsbeschwerde gegen ein erlassenes Gesetz stattgegeben werde, vorschreibe, daß das Gesetz für nichtig zu erklären sei. Die Folgen einer etwa zulässigen Verfassungsbeschwerde gegen eine Unterlassung des Gesetzgebers seien dagegen nicht besonders geregelt[200]).

Selbst wenn diese Behauptung zutreffen sollte, so ließe sich dennoch aus dem Mangel einer Bestimmung, die Inhalt und Wirkung einer verfassungsgerichtlichen Entscheidung hinsichtlich gesetzgeberischer Unterlassungen verfahrensmäßig regelt, nicht auf die Unzulässigkeit einer hiergegen gerichteten Verfassungsbeschwerde selbst schließen[201]). Diese Schlußfolgerung erscheint umso weniger überzeugend, als das Gesetz über das Bundesverfassungsgericht sich bewußt einer erschöpfenden Verfahrensregelung enthalten und es der Autonomie des Bundesverfassungsgerichts weitgehend überlassen hat, die offengebliebenen Verfahrenslücken selbst auszufüllen[202]). Das Bundesverfassungsgericht hat es deshalb mit Recht abgelehnt, etwa aus dem Schweigen des Gesetzes über die Bewilligung des Armenrechts dessen Unzulässigkeit im Verfassungsbeschwerdeverfahren herzuleiten, sondern sich im Gegenteil in eigener rechtsschöpferischer Verfahrensgestaltung für die Beiordnung eines Armenanwalts ausgesprochen[203]). Ebensowenig läßt sich aber die Frage nach der Zulässigkeit der Verfassungsbeschwerde gegenüber Unterlassungen des Gesetzgebers mit dem Hinweis auf den Mangel einer den Entscheidungsinhalt regelnden Gesetzesvorschrift verneinen, der allenfalls die Rechtsfolgen, keineswegs aber die Voraussetzungen einer Unterlassungsrüge berühren könnte. Die vom Bundesverfassungsgericht behauptete Verfahrenslücke müßte folgerichtig auch die Zulässigkeit der Verfassungsbeschwerde gegenüber grundrechtswidrigen Unterlassungen der Verwaltung oder der Rechtsprechung in Frage stellen[204]). Denn § 95, Abs. 2 und Abs. 3, S. 2 BVerfGG befassen sich nur mit Verfassungsbeschwerden gegen E n t s c h e i d u n g e n , worunter positive Meinungsäußerungen der Verwaltungsbehörden (Verwaltungsakte[205])) und der Gerichte verstanden werden[206]), während

---

200) BVerfG, NJW, 1952, S. 297 l. (Beschl. v. 19. 12. 1951 — 1 BvR 220/51).

201) So auch Lechner, Zulässigkeit, S. 1819 l., und Pinger, S. 112 f.

202) So schon BVerfG, NJW, 1952, S. 457 l. (Beschl. v. 13. 1. 1952 — 1 BvR 68/51). Vgl. auch Pfeiffer, S. 233.

203) BVerfG, a. a. O.

204) Ebenso Lechner, Zulässigkeit, a. a. O.

205) So ausdrücklich BVerfG, NJW, 1957, S. 1065 l. (Beschl. v. 7. 5. 1957 — 1 BvR 289/56).

206) Vgl. Pfeiffer, S. 273.

§ 95, Abs. 3, S. 1 und S. 3 BVerfGG den Inhalt der verfassungsgerichtlichen Entscheidung bei der Anfechtung erlassener Gesetze regelt. Auf grundrechtsverletzende Unterlassungen der öffentlichen Gewalt ist dagegen weder Abs. 2 noch Abs. 3 des § 95 BVerfGG anwendbar[207]). Gleichwohl wird die Zulässigkeit der Verfassungsbeschwerde gegenüber Unterlassungen der Verwaltung auch vom Bundesverfassungsgericht anerkannt[208]).

Sie ist allerdings richtiger Ansicht nach nicht beschränkt auf negative Grundrechtsverletzungen der Exekutive und der Rechtsprechung, sondern wird in § 92 und § 95, Abs. 1 BVerfGG, die allgemein von Handlung oder Unterlassung sprechen, ohne zwischen Verwaltung, Justiz und Gesetzgebung zu unterscheiden, für alle drei Funktionsbereiche der öffentlichen Gewalt unter Einschluß der Rechtsetzung vorausgesetzt[209]).

Die Bestimmung des § 95, Abs. 1 BVerfGG enthält in Wahrheit auch die vom Bundesverfassungsgericht anfänglich vermißte gesetzliche Regelung über den Inhalt der einer Unterlassungsbeschwerde stattgebenden Entscheidung. Denn § 95, Abs. 2 und Abs. 3 BVerfGG schreiben nur für die erfolgreiche Anfechtung positiver Hoheitsakte vor, daß der angegriffene Verwaltungsakt, die gerichtliche Entscheidung oder das beanstandete Gesetz zusätzlich zu der in § 95, Abs. 1 BVerfGG angeordneten Feststellung ihrer Grundrechtswidrigkeit aufzuheben bzw. für nichtig zu erklären ist[210]). Liegt ein zur Aufhebung geeigneter Akt nicht vor, wie etwa bei der Rüge einer grundrechtswidrigen Unterlassung, so verlieren naturgemäß zwar Abs. 2 und Abs. 3 des § 95 BVerfGG ihre Bedeutung für den Inhalt der verfassungsgerichtlichen Entscheidung, nicht aber Abs. 1[211]). Denn er beschränkt das Gericht auf die Feststellung, daß die angegriffene Unterlassung ein Grundrecht der Verfassung verletze[212]), und regelt damit auch die Folgen einer Untätigkeitsklage gegen den Gesetzgeber, so daß sich ihre Zulässigkeit auch nicht unter Berufung auf eine gesetzliche Verfahrenslücke verneinen läßt.

Gerade die Tatsache, daß der Gesetzgeber in den genannten Vorschriften Bestimmungen über die Begründung einer Verfassungsbeschwerde, mit der sich der Beschwerdeführer gegen ein grundrechtswidriges Unterlassen wendet, sowie über den Inhalt der einer solchen Verfassungsbeschwerde stattgebenden Entscheidung getroffen hat,

---

[207]) Ebenso Lechner, Zulässigkeit, a. a. O.

[208]) BVerfGE, Bd. 2, S. 287 ff. (Beschl. v. 13. 5. 1953 — 1 BvR 74/51) = NJW, 1953, S. 1059 f.

[209]) Ebenso Pinger, S. 112.

[210]) Vgl. dazu Pfeiffer, S. 273 ff.

[211]) So mit Recht auch BVerfG, NJW, 1957, S. 1065 r. (Beschl. v. 7. 5. 1957 — 1 BvR 289/56).

[212]) Ebenso Lechner, Zulässigkeit, S. 1819. und BVerfG, NJW, 1957, S. 584 r. (Beschl. v. 20. 2. 1957 — 1 BvR 441/53).

läßt — wenn anders diese Bestimmungen nicht ihres Sinnes beraubt werden sollen — nicht nur erkennen, daß er von der Möglichkeit verfassungswidriger Unterlassungen und der Zulässigkeit einer hiergegen gerichteten Rüge ausgegangen ist, sondern von dieser Möglichkeit auch den Gesetzgeber nicht ausschließen wollte[213]).

Die Frage, ob die parlamentarischen Körperschaften tatsächlich durch Unterlassen Grundrechte verletzen können, beurteilt sich freilich nicht nach den Vorschriften der §§ 90 ff. BVerfGG, sondern allein nach materiellem Recht, d. h. nach der Ausgestaltung des Grundrechtekatalogs. Immerhin scheinen die §§ 90 ff. BVerfGG auf die Existenz normativer Handlungspflichten nicht nur der Verwaltung oder der Justiz, sondern auch der Gesetzgebung im Grundrechtekatalog des Grundgesetzes hinzudeuten.

Das Bundesverfassungsgericht hat denn auch in seinem grundlegenden Beschluß vom 20. 2. 1957 seine anfänglichen Bedenken ausdrücklich aufgegeben[214]) und darin ausgeführt, daß sich nach Sinn und Zweck der §§ 90 bis 95 BVerfGG, insbesondere aus § 92 und § 95, Abs. 1 BVerfGG ergebe, daß Gesetze als „Handlungen" des Gesetzgebers angesehen werden sollten, durch die Grundrechte verletzt werden könnten. Sei der Gesetzgeber verfassungsmäßig verpflichtet, eine solche Handlung vorzunehmen, also ein Gesetz zu erlassen, so könne er durch einen Verstoß gegen seine Handlungspflicht, also durch Unterlassen, ebenfalls Grundrechte verletzen[215]).

Damit ist erstmalig auch für den Grundrechtsbereich das Wesen der Unterlassung als Verstoß gegen eine Verbotsnorm zutreffend umschrieben worden. Wie in allen außerverfassungsrechtlichen Rechtsgebieten so gewinnt auch im Verfassungsrecht selbst die reine Unterlassung hoheitlichen Handelns für die juristische Betrachtung erst dann Bedeutung, wenn ihr eine gedachte Handlung zugrundeliegt, deren Vornahme dem staatlichen Organträger von der Verfassung auferlegt wird[216]). Unterlassen bedeutet deshalb ebensowenig wie im Straf- oder Zivilrecht nicht „nichts tun", sondern „etwas nicht tun"[217]), und zwar ein „etwas" nicht tun, von dem die Verfassung erwartet, daß es geschehen werde. Nicht jede Unterlassung eines Verfassungsorgans kann deshalb mit dem Unwerturteil der Verfassungswidrigkeit belegt werden, sondern nur insoweit, als hinter ihr eine Rechtspflicht zum Tätigwerden steht, die das konstituierende Merkmal des Unterlassungsbegriffes schlechthin ist und ohne die es im Rechtssinne eine Unterlassung nicht geben kann[218]). Ein Sonder-

---

[213]) So auch Pinger, S. 113.
[214]) BVerfG, NJW, 1957, S. 584 l.
[215]) A. a. O.
[216]) So auch Pfeiffer, S. 12.
[217]) Vgl. Mezger, S. 130, und Maurach, S. 167.
[218]) So Mezger, a. a. O.

problem der Rechtsverletzung durch Unterlassen ist deswegen im Verfassungsrecht nicht anzuerkennen. Vielmehr hat der der allgemeinen Rechtslehre angehörende Unterlassungsbegriff absolute Gültigkeit für alle Gebiete der Rechtsordnung und damit auch auf der Ebene des positiven Verfassungsrechts, und zwar in dem Umfange, in dem es durch gebietende Imperative seine Normadressaten zu aktivem Handeln aufruft.

Daraus folgt für die Zulässigkeit einer Verfassungsbeschwerde, die eine Unterlassung des Gesetzgebers zum Gegenstand hat, daß der Beschwerdeführer in schlüssiger Form zuvörderst eine Gebotsnorm des Grundrechtekatalogs zu behaupten hat, die sich auch oder nur an die normsetzende Gewalt richtet und diese zum Erlaß eines förmlichen Gesetzes überhaupt oder eines Gesetzes bestimmten Inhalts verpflichtet. Müßte diese Behauptung eines rechtlichen Gesetzgebungszwanges als offensichtlich unhaltbar gelten, etwa weil der Gesetzgeber in der Vornahme legislatorischer Akte frei und ungebunden ist, so wäre eine Unterlassungsrüge entweder im sog. Vorprüfungsverfahren nach § 91 a, Abs. 2, S. 1 BVerfGG[219]) oder bei nicht offensichtlicher Unhaltbarkeit gemäß § 24 BVerfGG durch Beschluß[220]) und im übrigen nach Durchführung eines vollständigen Verfahrens durch Urteil als unzulässig zu verwerfen. Denn eine Entscheidung zur Sache könnte nicht ergehen, wenn die Frage, „ob ein Gesetz zu erlassen sei", nur „von wirtschaftlichen und weltanschaulichen Erwägungen" abhinge, „die sich richterlicher Nachprüfung entziehen"[221]), d. h. wenn eine Rechtspflicht des Gesetzgebers zu legislativer Tätigkeit „der Natur der Sache nach"[222]) gleichsam denkgesetzlich als ausgeschlossen gelten müßte.

Die folgenden Untersuchungen haben sich daher mit logischem Vorrang zunächst der Frage zuzuwenden, ob und inwieweit der sog. einfache Gesetzgeber des Bonner Grundgesetzes zu gesetzgeberischer Tätigkeit verfassungsrechtlich verpflichtet ist, d. h. ob die Behauptung eines Rechtsetzungszwanges als primäre Zulässigkeitsvoraussetzung einer Unterlassungsbeschwerde die Gefahr prozessualer Abweisung überhaupt vermeiden kann. Da — wie zu zeigen sein wird — diese Gefahr erst durch die Behauptung einer über den allgemeinen Zwang zur Gesetzgebung hinausgehenden konkreten parlamentarischen Handlungspflicht vermieden werden kann, ist sodann auf dieses spezielle Zulässigkeitserfordernis der Unterlassungsbeschwerde einzugehen.

---

219) Vgl. dazu Rinck, durchgehend.
220) Vgl. Pfeiffer, S. 264 ff., S. 267.
221) BVerfG, NJW, 1952, S. 297 r. (Beschl. v. 19. 12. 1951 — 1 BvR 220/51).
222) A. a. O., 1.

I. Der allgemeine verfassungsmäßige Zwang zur Gesetzgebung

Nachdem der Bonner Verfassungsgeber mit dem Souveränitätsdogma des überkommenen Gesetzespositivismus gebrochen und die Vorstellung von der Selbstherrlichkeit des Gesetzgebers durch seine Unterwerfung unter Grundrechte (Art. 1, Abs. 3 GG) und verfassungsmäßige Ordnung (Art. 20, Abs. 3 GG) erkennbar aufgegeben hat, kann das „Ob" einer normativen Gebundenheit der Legislative im Geltungsbereich des Grundgesetzes nicht mehr ernsthaft in Zweifel gezogen werden[223]). Wie die beiden anderen Funktionsbereiche der nach Art. 20, Abs. 2 GG unteilbaren Staatsgewalt steht sie in der Hierarchie der Normen zur höherrangigen Verfassung im Verhältnis rechtlicher Unterordnung und unabdingbarer Verantwortung (vgl. Art. 79 GG). Selbst dort, wo das Grundgesetz über das Ob, Wann und Wie einer gesetzlichen Normierung keine verbindliche Bestimmung trifft, ist die vielberufene Freiheit des Gesetzgebers[224]) keine Freiheit von rechtlicher Bindung schlechthin, vielmehr enthält sich die Verfassung insoweit nur einer näheren Aussage über die verschiedener gradueller Abstufung fähige Konkretisierung[225]) seiner stets vorhandenen Gebundenheit[226]). Sie besteht in ihrem verfassungsrechtlichen Minimalgehalt in dem Gebot zur Verwirklichung der geistigen Zwecksetzung des Staates und seiner eigentlichen Sinngebung, die das Volk als Träger der obersten verfassungsgebenden Gewalt, des pouvoir constituant, in Art. 1, Abs. 1, S. 2 GG mit der Verpflichtung a l l e r Staatsgewalt zur Achtung und zum Schutz der Menschenwürde auch für den Bereich der einfachen Gesetzgebung, des pouvoir constitué, verbindlich umschrieben hat[227]). Die parlamentarischen Körperschaften haben diesen übergeordneten Willen des Verfassungsgebers, mit dem er den Staat in den Dienst des Menschen gestellt[228]) und in eine „funktionelle Stellung zurückgedrängt" hat[229]), als obersten Maßstab selbst im Bereich ihres „freiesten" Ermessens zu beachten und zu

---

[223]) Vgl. zur Stellung des Gesetzgebers Hamann, Kommentar, Einf. I D 7 a).

[224]) Vgl. Geiger, Kommentar, Einf. 4) vor § 63 BVerfGG, und Geiger, Gleichheitssatz, S. 174 f.

[225]) Vgl. Jellinek, G., Gesetz, S. 270: „Die Verpflichtung zur Gesetzgebung kann einen mehr oder weniger scharf ausgeprägten Charakter haben."

[226]) Vgl. dazu Reuß, S. 534 für die Verwaltungstätigkeit außerhalb des reinen Gesetzesvollzugs.

[227]) So auch Hamann, Kommentar, Einf. I C 2: „Dabei handelt es sich nicht etwa nur um eine Verpflichtung des Staates, sondern um die Umschreibung des Staatszweckes schlechthin."

[228]) Ebenso v. Hippel, Naturrecht, S. 365; vgl. auch S. 363: „... erhält die staatliche Gewalt einen Bezugspunkt, der sie verpflichtet."

[229]) Hamann, Kommentar, a. a. O.

vollziehen[230]). Wenn das Grundgesetz aber den Staat seines Selbstzweckes entkleidet und ein „emanzipiertes Staatsinteresse von beliebiger Inhaltlichkeit"[231]) nicht mehr zuläßt, so verneint es damit zugleich auch eine im Sinne rechtsneutraler und machtpolitischer Tätigkeit freie und ungebundene Gesetzgebungsgewalt[232]).

Solange man sich dieser immer und überall gegebenen Pflichtbindung des rechtsetzenden Staatswillen durch den in der Verfassung zum Ausdruck gelangten Volkswillen auch dort bewußt ist, wo sie das Grundgesetz nicht näher präzisiert und konkretisiert hat, mag es freilich angehen, von Handlungs- oder Ermessensfreiheit des Gesetzgebers zu reden[233]).

Von der ausnahmslosen normativen Gebundenheit des Gesetzgebers her beantwortet sich indes auch die Frage nach der rechtlichen Möglichkeit einer parlamentarischen Rechtsetzungspflicht. Alle Gesetzgebungsgewalt ist nicht nur aus der Verfassung abgeleitet und von ihr verliehen, sie hat darüber hinaus der in ihr vorgezeichneten Staatsidee, d. h. dem Menschen in seiner individuellen und sozialen Existenz selbstlos zu d i e n e n[234]). Daraus erhellt, daß es „nicht nur das Recht, sondern auch die Pflicht der gesetzgebenden Körperschaft ist, die notwendigen Gesetze zu erlassen"[235]), Erfordert die soziale Lebensordnung, auf deren Sicherung die Legitimation des Gesetzes beruht[236]), zu ihrem störungsfreien Funktionieren die Vornahme legislativer Akte, so ist der Gesetzgeber insoweit nicht ungebunden, sondern unter Beachtung des anerkannten Verfassungsgrundsatzes von der Verhältnismäßigkeit von Zweck und Mittel[237]) zu tätigem Handeln verpflichtet. Dies gilt vor allem auch dort, wo das Grundgesetz die Gebundenheit der Legislative nicht durch konkrete Weisungen zur Regelung bestimmter Lebensgebiete nach Inhalt und Umfang näher umschrieben hat. O b ein Gesetz zu erlassen ist, hängt deshalb nicht nur von wirtschaftlichen und weltanschaulichen Erwägungen ab, wie das Bundesverfassungsgericht in durchaus einseitiger Sicht

---

[230]) Vgl. Peters, Lehrbuch, S. 3: „Die Gesetzgebung wird die erste Stufe der Konkretisierung der Staatsidee."

[231]) v. Hippel, Verfassungsrecht, S. 399.

[232]) Ebenso Hamann, Kommentar, Einf. I D 7 a).

[233]) Vgl. dazu Hamann, Ermessensfreiheit, durchgehend.

[234]) Vgl. v. Hippel, Gewaltenteilung, S. 44: „... Sinn und Notwendigkeit des Staates ... liegen im Dienen, nicht im Herrschen, und in größter Selbstlosigkeit statt grober und egoistischer Machtanmaßung."

[235]) Lechner, Zulässigkeit, S. 1818 l. Ebenso v. Hippel, Verfassungsrecht, S. 400: „... gilt als Prinzip, daß der Gesetzgeber nur dort Gesetze erlassen darf, dann es aber auch soll, wo dies notwendig ist, d. h. durch das Gemeinwohl gefordert wird, ...".

[236]) So Jerusalem, Sp. 5.

[237]) Vgl. BVerfGE, Bd. 3, S. 399 (Urt. v. 3. 6. 1954 — 1 BvR 183/54), Forsthoff, Maßnahmegesetze, S. 234 ff., und Pfeiffer, S. 174.

festgestellt hat[238]), sondern auch von der gebührenden Beachtung des rechts- und sozialstaatlichen Verfassungsauftrages zur Gestaltung einer materiell gerechten Daseinsordnung (vgl. Art. 20 und Art. 28 GG)[239]). Das Bundesverfassungsgericht geht in derselben Entscheidung selbst von einer normativen Rechtsetzungspflicht aus, wenn es feststellt, daß nur der Gesetzgeber das Wesentliche zur Verwirklichung des Sozialstaats tun könne. Denn er sei gewiß verfassungsrechtlich zu sozialer Aktivität, insbesondere dazu verpflichtet, sich um einen erträglichen Ausgleich der widerstreitenden Interessen und um die Herstellung erträglicher Lebensbedingungen zu bemühen[240]).

Vom Standpunkt materieller Gerechtigkeit, die als eine der Leitideen des Grundgesetzes und Bestandteil seines rechtsstaatlichen Bekenntnisses[241]) zu den „hintergründigen Konstitutionsprinzipien des Verfassungssinnes"[242]) überhaupt zählt, kann das Nichthandeln des Gesetzgebers unter Umständen zu schwereren Verstößen gegen den „Rechtswert der sozialen Ordnung"[243]) führen als ein noch so lückenhaftes und schlechtes Gesetz[244]). Die Aufgabe der parlamentarischen Volksvertretung, „ein Recht zu schaffen, das den Idealen der sozialen Gerechtigkeit, der Freiheit, Gleichheit und Billigkeit entspricht"[245]), kann deshalb nicht nur als organschaftliche Befugnis und Kompetenz[246]) verstanden werden, sondern ist wie alles öffentliche Recht in Wahrheit nur berechtigende Pflicht[247]). Dies gilt um so mehr, als der auf Gewaltenteilung und rechtssatzmäßiger Gebundenheit von Exekutive und Justiz beruhende Staat des Grundgesetzes (vgl. Art. 20, Abs. 2 und 3 GG) so sehr auf dem Vorrang des förmlichen Gesetzes und seiner intermediären Zwischenschaltung zwischen der Verfassung und ihrem Vollzug durch Verwaltung und Rechtsprechung aufbaut[248]), daß die allgemeine Pflicht zur Gesetzgebung im Grundgesetz selbst stillschweigend vorausgesetzt wird[249]). Denn die in Art. 20, Abs. 3 GG angeordnete Bindung der vollziehenden und richterlichen Gewalt an

---

238) BVerfG, NJW, 1952, S. 297 r. (Beschl. v. 19. 12. 1951 — 1 BvR 220/51).

239) Vgl. Hamann, Kommentar, Einf. I D 7 a): „Eine solche Rechtspflicht kann sich aus dem Rechtsstaats- oder dem Sozialstaatsprinzip ... ergeben."

240) A. a. O., S. 298 l. Vgl. auch Pfeiffer, S. 12 und S. 174 f.

241) So BVerfG, NJW, 1958, S. 97 l. (Beschl. v. 12. 12. 1957 — 1 BvR 678/57).

242) v. Hippel, Prüfungsrecht, S. 558.

243) Jerusalem, Sp. 5.

244) Ebenso Assmann, S. 4.

245) BVerfG, NJW, 1952, S. 297 l. (Beschl. v. 19. 12. 1951 — 1 BvR 220/51).

246) Vgl. dazu Jellinek, G., System, S. 227 ff.

247) Vgl. a. a. O., S. 236, sowie Jellinek, G., Staatslehre, S. 565.

248) Grundlegend hierzu Schmitt, Verfassungsvollzug, S. 453 ff.

249) Ebenso Forsthoff, Lehrbuch I, S. 10.

Gesetz und Recht müßte praktisch leerlaufen, wenn die Legislative nicht gleichzeitig gehalten wäre, diese Bindung durch Schaffung ihrer Substrate zu ermöglichen.

II. Das Erfordernis der Konkretisierung der gesetzgeberischen Handlungspflicht für die Zulässigkeit einer Unterlassungsbeschwerde

Läßt sich nach alledem ein „verfassungsmäßiger Zwang zur Gesetzgebung“[250]) nicht leugnen, so folgt aus der Verletzung dieser allgemeinen Rechtsetzungspflicht freilich noch nicht die Zulässigkeit einer hiergegen erhobenen Verfassungsbeschwerde. Wie das Bundesverfassungsgericht bereits in Ansehung einer gegen Unterlassungen der Verwaltungsbehörden, nämlich des Bundesministers der Finanzen gerichteten Beschwerde zutreffend entschieden hat, reicht die gänzlich unbestimmt gehaltene Behauptung des Beschwerdeführers, durch pflichtwidrige Unterlassungen in seinen Grundrechten verletzt zu sein, zu ihrer Zulässigkeit nicht aus[251]).

§ 92 BVerfGG schreibt als zwingendes Mindesterfordernis der Beschwerdebegründung die Bezeichnung des angeblich verletzten Grundrechts sowie derjenigen Unterlassung vor, durch die sich der Beschwerdeführer verletzt fühlt. Diese Voraussetzungen sind auch bei einer gegen gesetzgeberische Unterlassungen gerichteten Rüge nur dann erfüllt, wenn einmal das Grundrecht, aus dem der Gesetzgebungsauftrag hergeleitet wird, entweder unter Angabe des Artikels benannt wird oder wenn die Ausführungen der Beschwerdebegründung hinreichend erkennen lassen, welche grundrechtliche Gebotsnorm verletzt sein soll[252]). Die angefochtene Unterlassung ist dadurch des näheren zu bestimmen, daß der Beschwerdeführer die konkreten Handlungen angibt, die nach seiner Meinung der Gesetzgeber ohne Verletzung der bezeichneten Gebotsnorm hätte vornehmen müssen[253]). Entspricht die Beschwerdebegründung nicht diesen Anforderungen des § 92 BVerfGG, so ist sie als formwidrig und damit als unzulässig gemäß § 24 BVerfGG zu verwerfen[254]).

Bereits der Wortlaut des § 92 BVerfGG läßt keinen Zweifel daran zu, daß gemäß § 90 BVerfGG verfassungswidrige Unterlassungen des Gesetzgebers nur insoweit angefochten werden können, als ihnen eine rechtliche Handlungspflicht zugrundeliegt, die über den allgemeinen

---

[250]) A. a. O.

[251]) BVerfGE, Bd. 2, S. 290 (Beschl. v. 13. 5. 1953 — 1 BvR 74/51) = NJW, 1953, S. 1059 r. Ebenso BVerfGE, Bd. 2, S. 244 (Beschl. v. 24. 4. 1953 — 1 BvR 102/51).

[252]) Vgl. hierzu Pfeiffer, S. 53 f., und Lechner, Kommentar, § 92, BVerfGG, 1).

[253]) Vgl. BVerfGE, Bd. 2, S. 290 (Beschl. v. 13. 5. 1953 — 1 BvR (74/51).

[254]) Vgl. BVerfGE, Bd. 2, S. 240 (Beschl. v. 24. 4. 1953 — 1 BvR 102/51).

verfassungsmäßigen Zwang zur Gesetzgebung hinaus im Grundrechtsteil des Grundgesetzes eine inhaltliche Konkretisierung erfahren hat[255]). Denn zur Bezeichnung des grundrechtsverletzenden Unterlassens ist der Beschwerdeführer nur dann imstande, wenn er eine bestimmte, in den Art. 1 bis Art. 19 GG enthaltene Gebotsnorm angibt, die den Gesetzgeber in der Vornahme eines Legislativaktes bindet und durch deren Verletzung er eine verfassungswidrige Unterlassung begeht. Ein solch präziser und justiziabler Rechtsgehalt, der eine verfassungsgerichtliche Kontrolle erst ermöglichen würde, wohnt der allgemeinen und ungeschriebenen[256]) Gesetzgebungspflicht jedoch nicht inne. Das Grundgesetz bindet vielmehr die Legislative in ihrer Entscheidung über das Ob und Wann einer gesetzlichen Normierung außerhalb seiner spezialisierten Gesetzgebungsaufträge nur an ihre allgemeine dienende Funktion, die vorgegebene Staatsidee zu konkretisieren und nach den Grundsätzen materieller Gerechtigkeit die soziale Lebensordnung zu gestalten und zu erhalten. Innerhalb dieser weitgesteckten Rechtsschranken ist sie in der Wahl ihrer Mittel, aber auch in der Entscheidung über die Frage, ob ein Lebensgebiet der gesetzlichen Regelung überhaupt bedarf, dagegen „frei"[257]). Eine verfassungswidrige Unterlassung als Verstoß gegen die allgemeine Handlungspflicht des Gesetzgebers könnte deshalb im Wege der Verfassungsbeschwerde bei Vorliegen der übrigen Voraussetzungen jedenfalls nur dann gerügt werden, wenn er diese Pflicht unter Verletzung äußerster Gerechtigkeitsgrenzen versäumen würde[258]). Im übrigen entzieht sich jedoch das Untätigbleiben des demokratischen Gesetzgebers einer verfassungsgerichtlichen Nachprüfung, was freilich nichts gegen den auch außerhalb spezieller Rechtsetzungspflichten bestehenden verfassungsmäßigen Gesetzgebungszwang besagt. Denn die Freiheit von gerichtlicher Kontrolle bedeutet nicht zugleich auch die Freiheit von verfassungsrechtlicher Gebundenheit. Vielmehr sind „die Bindung der Gesetzgebung an die Verfassung und die Kontrolle darüber, ob diese Bindung beachtet worden ist, durch ein Gericht dem Umfang nach nicht gleich. Die Bindung des Handelnden geht weiter als die Funktion des Kontrollierenden, weil sie in einem gewissen Umfange der Kontrolle notwendig entzogen ist"[259]). Für den weite-

---

255) Ebenso Lechner, Zulässigkeit, S. 1818 l.: „Es bedarf daher jedenfalls der Konkretisierung der gesetzgeberischen Pflicht". So auch Pfeiffer, S. 12.

256) Vgl. zum Problem des ungeschriebenen Verfassungsrechts v. Hippel, Verfassungsrecht, durchgehend.

257) Nur insoweit zutreffend Geiger, Gleichheitssatz, S. 174 f.

258) Nur in diesem Sinne zutreffend BVerfG, NJW, 1952, S. 298 l. (Beschl. v. 19. 12. 1951 — 1 BvR 220/51): „Aber nur wenn der Gesetzgeber diese Pflicht willkürlich, d. h. ohne jeden sachlichen Grund versäumte, könnte möglicherweise dem Einzelnen hieraus ein mit der Verfassungsbeschwerde verfolgbarer Anspruch erwachsen."

259) Forsthoff, Maßnahmegesetze, S. 232.

ren Gang der Untersuchung ist deshalb von der gesetzgeberischen Unterlassung als Verstoß gegen solche Handlungspflichten auszugehen, die in den Art. 1 bis Art. 19 GG bzw. in den in § 90, Abs. 1 BVerfGG den Grundrechten gleichgestellten Rechten eine spezielle Ausprägung erfahren haben und die in aller Regel allein als Grundlage einer Verfassungsbeschwerde in Betracht kommen werden.

B. Die Begründung konkreter Gesetzgebungsaufträge aus dem Grundrechtekatalog

Wer sich nicht durch positiven Rechtsetzungsakt, sondern durch Untätigkeit des Gesetzgebers in einem der nach § 90 Abs. 1 BVerfGG beschwerdefähigen Rechte verletzt fühlt, hat zur Zulässigkeitsbegründung seiner Unterlassungsrüge zunächst eine diesen Rechten zugrundeliegende aktuelle Norm des objektiven Verfassungsrechts zu behaupten, deren Inhalt drei wesentliche Voraussetzungen zu erfüllen hat. Sie muß einmal entweder ausdrücklich oder sinngemäß den staatlichen Funktionsbereich der einfachen Gesetzgebung ansprechen, gleichviel ob diese allein oder neben Verwaltung und Rechtsprechung als ihr Vollzugsadressat in Betracht kommt. Zum anderen muß die vom Beschwerdeführer angezogene Verfassungsnorm sich nach der Richtung des von ihr befohlenen Verhaltens als eine gebietende darstellen, die dem Parlament kein Unterlassen, sondern umgekehrt ein positives Tun auferlegt. Dieser Gebotsinhalt muß schließlich entsprechend dem Wesen der Rechtsnorm, die nicht ein Verhaltensollen schlechthin befehlen kann, sondern immer nur ein „Etwas-Sollen“[260]) ein Maß von rechtlicher Bestimmtheit erreichen, das konkrete inhaltliche Bindungen in meßbarer und justiziabler Weise ermöglicht. Dieses gesollte „Etwas“ kann lediglich in der Vornahme einer bestimmten gesetzlichen Regelung überhaupt oder aber — wie in aller Regel — in einer solchen mit bestimmtem Inhalt bestehen[261]). Daraus folgt, daß als Grundlage einer Verfassungsbeschwerde, durch die ein legislatorisches Unterlassen gerügt wird, nur solche Grundrechtsnormen geeignet sind, die den Gesetzgeber in der Entscheidung über das „Ob“ und das „Ob überhaupt“ eines Rechtsetzungsaktes binden. Wo nur das „Wie“, d. h. nur der Inhalt etwaiger Gesetze geregelt wird, deren Erlaß dem freien, wenn auch pflichtgebundenen Ermessen des Parlaments überlassen bleibt, ist für eine Unterlassungsbeschwerde kein Raum, da die Verfassung die Vornahme des Gesetzesaktes selbst nicht gebietet[262]). Entschließen sich die parlamentarischen Körper-

---

260) Vgl. dazu Tammelo, S. 68 ff.

261) So auch Jellinek, G., Gesetz, S. 270: „In der Regel allerdings wird in solchen zur Gesetzgebung verpflichtenden Rechtssätzen zugleich eine Bindung des Gesetzesinhalts liegen.“

262) Vgl. dazu a. a. O.

schaften „freiwillig" zu gesetzgebender Initiative, so sind sie verfassungsmäßig nur negativ durch die verbietenden Grundrechtsbefehle der Verfassung gebunden, die angeben, welchen Inhalt der Gesetzesbeschluß bei Vermeidung seiner Nichtigkeit n i c h t haben darf. Steht er troztdem in inhaltlichem Widerspruch zu den übergeordneten Gestaltungsgrundsätzen des Grundgesetzes, so ist der Verbotssatz durch positives Tun verletzt und die Verfassungsbeschwerde richtet sich wegen sachlicher Unvereinbarkeit des Gesetzesinhalts mit der Verfassung gegen grundrechtswidriges Handeln, d. h. gegen den fehlerhaften Gesetzgebungsakt als solchen.

Unter diesen, im folgenden näher zu verdeutlichenden Gesichtspunkten ist innerhalb der von § 90, Abs. 1 BVerfGG umfaßten Rechte von Artikel zu Artikel zu fragen, ob der einzelne Grundrechtssatz legislatorisches Handeln verbieten (Abschnitt I), zu solchem Handeln nur ermächtigen (Abschnitt II) oder aber gesetzgeberische Aktivität in einer den zuvor genannten Anforderungen entsprechenden Weise gebieten will (Abschnitt III, IV, V).

I. Der Ausschluß der Freiheitsgrundrechte des negativen Status

Durchforscht man den Grundrechtekatalog der Verfassung auf die Existenz konkretisierter Gesetzgebungspflichten hin, so sind vorweg nach den vorstehend angedeuteten Grundsätzen diejenigen Rechtsnormen auszuschalten, die wegen der eindeutig verbietenden Natur ihres Befehlsinhaltes als Grundlage einer verfassungswidrigen Unterlassung n i c h t in Betracht kommen. Wird trotzdem ihre Verletzung durch gesetzgeberische Untätigkeit behauptet, so ist eine hierauf gestützte Verfassungsbeschwerde entweder nach § 91 a oder nach § 24 BVerfGG als unzulässig zu verwerfen. Zu diesen Vorschriften gehören zunächst die zahlreichen Grundrechtsbestimmungen des negativen Freiheitsstatus, wie das Recht auf freie Entfaltung der Persönlichkeit (Art. 2, Abs. 1 GG), die Freiheit der Person (Art. 2, Abs. 2, S. 2 GG), die Freiheit des Glaubens, des Gewissens usw. (Art. 4, Abs. 1 GG), die Meinungsfreiheit (Art. 5, Abs. 1, S. 1 GG), die Freiheit von Kunst und Wissenschaft, Forschung und Lehre (Art. 5, Abs. 3 GG), Versammlungs- und Vereinigungsfreiheit (Art. 8 und Art. 9, Abs. 1 GG), die Freiheit des Briefgeheimnisses (Art. 10 GG), des Berufes und der Ausbildung (Art. 12, Abs. 1 GG) sowie die Unverletzlichkeit der Wohnung (Art. 13, Abs. 1 GG).

Alle diese auf Abwehr und Negation gerichteten Grundrechtsnormen begründen nur Pflichten zur Unterlassung gesetzgeberischer Eingriffe in den durch den jeweiligen Gesetzesvorbehalt umschriebenen Freiheitsraum[263]), dessen innersten Kernbereich die Wesensgehalt-

---

263) Vgl. dazu o. S. 7 f.

sperre des Art. 19, Abs. 2 GG[264]) für unantastbar erklärt. Sie normieren im zuvor dargelegten Sinne nur das „Wie" einer gesetzlichen Regelung sowie deren Grenzen und stellen dem Gesetzgeber die Entscheidung über das „Ob" eines freiheitsbeschränkenden Gesetzes innerhalb seiner allgemeinen Pflichtbindung frei. So verleiht etwa Art. 12, Abs. 1 GG der Legislative zum Schutz zwingender Gemeinschaftsinteressen nur die Befugnis zu positivem Handeln zwecks Regelung der Freiheit von Berufswahl und Berufsausübung. Macht sie in Betätigung ihres Ermessens hiervon Gebrauch, so hat sie bei der Gestaltung des Gesetzesinhalts diejenigen Schranken zu beachten, die Art. 12 GG in differenzierter Weise jener Regelungsbefugnis gezogen hat[265]). Überschreitet sie diese Grenzen, so ist damit die Verbotsnorm des Art. 12, Abs. 1 GG zwar nicht durch aktives Tun schlechthin, sondern durch inhaltlich fehlerhaftes Handeln verletzt, das als solches der Anfechtung und der Kassation nach den Vorschriften der §§ 90 ff. BVerfGG unterliegt. In ein positives Handlungsgebot, d. h. in eine konkrete Rechtspflicht zur gesetzlichen Schaffung von Arbeitsplätzen und Ausbildungsstätten kann dagegen der Art. 12, Abs. 1 GG ohne Verfälschung seiner negatorischen Verfassungsfunktion nicht umgemünzt werden. Er gewährt kein soziales Grundrecht auf Arbeit[266]), sondern schirmt die Befugnis des Einzelnen, „jede Tätigkeit, für die er sich geeignet glaubt, als ‚Beruf' zu ergreifen"[267]), nur negativ gegen übermäßig belastende Eingriffe des Gesetzgebers ab.

Von der Gefahr einer Sinnverkehrung ihrer verfassungspolitischen Abwehr- in eine positive Förderungs- und Schutzfunktion sind freilich alle genannten Freiheitsgrundrechte des negativen Status betroffen. Hier bestätigt sich nun die Richtigkeit der eingangs gewonnen Erkenntnis, daß der Gebots- oder Verbotscharakter einer Grundrechtsnorm nicht aus der Zufälligkeit ihrer negativen oder positiven Formulierung[268]), sondern zutreffend allein aus dem Ideenhintergrund ihres objektiven, auf die Gegenwart bezogenen Verfassungssinnes erschlossen werden kann[269]). Es ist gewiß richtig, daß negative Abwehrrechte dem Grundrechtsinhaber neben dem staatsgerichteten Unterlassungsanspruch auch die positive Befugnis zu freiheit-

---

264) Vgl. hierzu Dürig, Menschenwürde, S. 133 ff.

265) Hierzu grundlegend das sog. Apothekenurteil BVerfG, NJW, 1958, S. 1035 ff. (Urt. v. 11. 6. 1958 — 1 BvR 596/56) = BVerfGE, Bd. 7, S. 377 ff. Vgl. auch Pfeiffer, S. 109 ff.

266) Vgl. zum Recht auf Arbeit Stein, durchgehend.

267) BVerfG, NJW, 1958, S. 1035 r.

268) So mit Recht auch Reimers, S. 11: „Nun sind die Grundrechte im Grundgesetz häufig positiv formuliert. Aus einer solchen Formulierung wird man jedoch nichts dafür herleiten können, daß das betreffende Grundrecht seiner Natur nach ein positives Statusrecht ist ...".

269) Vgl. o. S. 15 ff.

licher Betätigung innerhalb der geschützten Freiheitssphäre gewähren[270]). Man mag eingedenk ihrer naturrechtlichen Begründung als vorstaatlicher Rechte diese Befugnis auch als Primärnorm bezeichnen, der gegenüber die an den Staat gerichtete Verbotsnorm als Sekundärnorm (Schutznorm) erscheint[271]), allein aus ihr läßt sich „kein Anspruch des einzelnen darauf ableiten, daß der Staat Maßnahmen trifft, um den Bürger instand zu setzen, von seinem Grundrecht in bestimmter Weise Gebrauch machen zu können“[272]). So gewährt etwa das Grundrecht der freien Meinungsäußerung — wie das Bundesverfassungsgericht zutreffend entschieden hat — dem Bürger keinen positiven Anspruch darauf, daß ihm der Staat die Gelegenheit schafft, seine Meinung in Antwort auf eine amtliche Befragung äußern zu können[273]). Ebenso verpflichtet die Garantie der Informationsfreiheit (Art. 5, Abs. 1 GG) „den Staat weder zur Erteilung aller oder bestimmter Informationen noch zur Eröffnung eines Weges zu Informationsquellen, über die eine dritte Stelle verfügt“[274]).

Die den negativen Freiheitsrechten zugrundeliegende Unterlassungspflicht obliegt dem Staat zwar um der natürlichen Befugnis des Einzelnen zu positiver Betätigung seiner Einzelfreiheiten innerhalb des geschützten Raumes willen, die Ausübung dieser Befugnis ist jedoch über die Abwehr von grundrechtsmäßig ungedeckten Eingriffen hinaus regelmäßig nicht durch staatliche Fürsorge- und Förderungspflichten gesichert. Hieran vermag auch die Tatsache nichts zu ändern, „daß das Grundgesetz, das keine wertneutrale Ordnung sein will, in seinem Grundrechtsabschnitt eine objektive Wertordnung aufgerichtet hat“[275]).

Die in ihrer Wertgebundenheit zum Ausdruck kommende Verstärkung der Geltungskraft der Grundrechte[276]) darf nicht dazu führen, in ihnen nunmehr allseitig geschützte Rechtsgüter im Sinne der bürgerlich-rechtlichen Dogmatik zu erblicken, die den Staat sowohl zur Unterlassung störender Eingriffe als auch zur Abwehr jedweder, aus der Drittsphäre drohender Beeinträchtigung durch tätiges Handeln verpflichten würden[277]). So könnte aus dem Grundrechtswert der allgemeinen Handlungsfreiheit, die Art. 2, Abs. 1 GG dem Individuum nur negativ garantiert[278]), nicht etwa eine positiv gebietende

[270]) So Geiger, Kommentar, § 90 BVerfGG, 1), und Geiger, Grundrechte, S. 1124 f.
[271]) So Geiger, Grundrechte, a. a. O.
[272]) a. a. O., S. 1133.
[273]) BVerfGE, Bd. 8, S. 42 (Beschl. v. 23. 6. 1958 — 2 BvQ 3/58).
[274]) Geiger, Grundrechte, S. 1124 f.
[275]) BVerfG, NJW, 1958, S. 257 r. (Urt. v. 15. 1. 1958 — 1 BvR 400/57).
[276]) So a. a. O.
[277]) In diesem Sinne darf auch nicht Hamel, S. 14 ff. und S. 23 ff., mißverstanden werden.
[278]) Vgl. BVerfGE, Bd. 6, S. 32 ff. (Beschl. v. 16. 1. 1957 — 1 BvR 253/56) = NJW, 1957, S. 297 f.

Rechtspflicht des Gesetzgebers zur Errichtung und Unterhaltung von Sonderschulen hergeleitet werden, die nur Kindern einer besonderen Begabungshöhe offenstünden[279]). Eine solche Maßnahme mag zwar zur Förderung der Persönlichkeitsentfaltung als einem Grundwert der Sozialgemeinschaft beitragen und ihre Unterlassung spezielle Anlagen und Begabungen bestimmter Kinder verkümmern lassen, allein der reine Verbotsgehalt des Art. 2, Abs. 1 GG fordert weder staatliche Aktivität überhaupt noch solche mit bestimmten Inhalt.

Gleichwohl lassen sich — wie im weiteren Verlauf der Untersuchung zu zeigen sein wird — in beschränktem Ausmaß auch aus negativen Statusrechten Rechte auf Entfaltung staatlicher Tätigkeit ableiten.

1. Die Schutz- und Abwehrpflicht des Gesetzgebers bei der Gestaltung der Privatrechtsordnung

Die mit ihrer Zurückführung auf objektive Werte verbundene verstärkte Geltungskraft der negatorischen Freiheitsgrundrechte äußert sich als Gebotswirkung in der Staatsrichtung nur in dem Umfang, in dem eine „Wirkungsausdehnung"[280]) der Grundrechtsnormen auf den Privatrechtsverkehr bejaht wird. In diesem Ausmaß verwandelt sich nämlich das negative Freiheitsrecht im Verhältnis zum Staat in einen Anspruch auf positive Inschutznahme vor Angriffen aus der außerstaatlichen Sphäre[281]). Darüber, daß die Entscheidung der Verfassung für ein System absoluter Freiheitswerte, die als solche „nicht nach Richtungen fragen"[282]), in allen Bereichen des positiven Rechts zu verwirklichen ist, besteht heute nahezu Einigkeit[283]). Für eine grundsätzliche Erstreckung der Grundrechtswirksamkeit auf die Privatrechtsordnung spricht bereits die aktuelle Schutzbedürftigkeit des Einzelnen gegenüber dem Übergewicht der gesellschaftlichen Kollektive, der außerstaatlichen Wirtschafts- und Berufsmächte, welche die individuelle Freiheit in einer liberalen Wirtschaftsverfassung viel stärker bedrohen und gefährden als der Staat selbst[284]). Gegenüber dem „Ob" einer Wertschutzverwirklichung im Privatrecht verhält sich die Verfassung auch nicht gleichgültig, vielmehr vermag sich die neue Drittwirkungslehre[285]) zur Begründung ihrer Behauptung einer

---

279) Zutreffend deshalb BVerwGE, Bd. 5, S. 165 (Urt. v. 29. 6. 1957 — II C 104/56) = NJW, 1958, S. 235.

280) Böckenförde, S. 18.

281) So mit Recht bereits Bachof, Freiheit, S. 163, Fußnote 31.

282) Maunz-Dürig, Art. 1, Abs. 3 GG, Randnr. 102.

283) Vgl. BVerfG, NJW, 1958, S. 257 (Urt. v. 15. 1. 1958 — 1 BvR 400/57), sowie Dürig, Menschenwürde, S. 123 f.

284) So auch Darmstaedter, S. 4; vgl. auch v. Mangoldt-Klein, Vorbem. A II 4 c) vor „Die Grundrechte".

285) Vgl. zum gegenwärtigen Meinungsstand Maunz-Dürig, 1, Abs. 3 GG, Randnr. 127 ff., sowie Leisner, durchgehend.

Grundrechtswertbindung gleichgeordneter Privatrechtssubjekte durchaus auf die positiv-rechtliche Aussage des Art. 1, Abs. 1, S. 2 GG zu berufen[286]). Denn er legt aller staatlichen Gewalt und damit auch der Gesetzgebung über die Achtungspflicht hinaus die durch positives Tun zu erfüllende Pflicht auf, den absoluten und gegen jedermann wirkenden Menschenwürdegehalt, soweit er sich über Art. 19, Abs. 2 GG (Wesensgehalt) in den Einzelgrundrechten niederschlägt, auch dann zu schützen, wenn er durch private Angreifer akut gefährdet wird[287]). Der gebietende Befehlsgehalt des Art. 1, Abs. 1, S. 2 GG[288]) zwingt die Legislative dazu, die „Gesamtrechtsordnung (vor allem also das Privatrecht) so auszugestalten, daß auch von außerstaatlichen Kräften eine Verletzung der Menschenwürde nicht möglich ist"[289]). Daraus folgt, daß eine Verfassungsbeschwerde, die feststellen lassen wollte, daß der Gesetzgeber Art. 1, Abs. 1, S. 2 GG verletze, wenn er es unterlasse, spezielle Rechtsnormen zum Schutz bestimmter Persönlichkeitswerte (etwa der Ehre, der Intim- und Privatsphäre) zu schaffen, stets als z u l ä s s i g behandelt werden müßte. Nur ihre Begründetheit hinge davon ab, ob der vorhandene Normenbestand (z. B. der § 823, Abs. 1 BGB „sonstiges Recht") nach Überzeugung des Bundesverfassungsgerichts bei verfassungskonformer Anwendung[290]) ausreicht, um den absoluten Achtungsanspruch des Menschen vor einer Verletzung durch den Mitmenschen zu schützen. Diese Frage bedingt allein die materiellen Erfolgsaussichten einer Unterlassungsbeschwerde, weil die Behauptung einer konkreten Gesetzgebungspflicht im Hinblick auf Art. 1, Abs. 1, S. 2 GG durchaus schlüssig und damit zulässig ist.

Trägt beispielsweise ein im Wege künstlicher Samenübertragung erzeugter Beschwerdeführer vor, der Gesetzgeber verletze die ihm gegenüber seiner menschlichen Würde obliegende Schutzpflicht, wenn er nicht in angemessener Frist die sog. heterologe Insemination[291]) gesetzlich verbiete und für strafbar erkläre, so genügt dies vollauf für die Zulässigkeit seiner Unterlassungsrüge (vgl. § 92 BVerfGG). Denn daß dem Staat zumindest der personalen Würde des Kindes gegenüber, das gleichsam aus der Retorte durch einen u n b e k a n n t e n Samenspender gezeugt wird, eine konkrete Schutzpflicht

---

286) Ebenso Maunz-Dürig, Art. 1, Abs. 3 GG, Randnr. 102.

287) So mit Recht schon Wintrich, Problematik, S. 13.

288) Vgl. dazu des näheren u. S. 58 ff.

289) Dürig, Menschenwürde, S. 123. Ebenso Reimers, S. 20, 3): „Der Gesetzgeber hat die Möglichkeit und gegebenenfalls die Verpflichtung, die verfassungsrechtliche Grundentscheidung in bestimmten Bereichen durch gesetzliche Regelungen für die koordinierten Rechtsgenossen untereinander verbindlich zu machen".

290) Vgl. dazu BVerfG, NJW, 1958, S. 1227 f. (Beschl. v. 11. 6. 1958 — 1 BvL 149/52) = Bd. 8, S. 34, sowie Pfeiffer, S. 303.

291) Vgl. hierzu Maunz-Dürig, Art. 1, Abs. 1 GG, Randnr. 39, und Künkele, S. 161 ff.

trifft[292]), folgt aus seinem elementaren Menschenrecht, Gewißheit zu haben über seine leibliche Abstammung[293]). Deshalb muß eine auf Verletzung dieser Schutzpflicht durch gesetzgeberisches Unterlassen gestützte Verfassungsbeschwerde stets bis in die materielle Prüfung vordringen. Zu einem stattgebenden Feststellungsurteil wird sie allerdings nur dann führen können, wenn das Bundesverfassungsgericht zu dem Ergebnis gelangt, daß das geltende Normensystem des bürgerlichen Rechts oder des Strafrechts dem Schutzauftrag der Verfassung auch ohne neue gesetzgeberische Maßnahmen gerecht zu werden vermag. Denn insoweit ginge die Verantwortung für seine Erfüllung auf die rechtsprechende Gewalt über (vgl. Art. 1, Abs. 3 GG).

Aus den gleichen Gründen könnte auch eine Verfassungsbeschwerde nicht als unzulässig, sondern allenfalls als unbegründet abgewiesen werden, die etwa den Erlaß eines besonderen Straftatbestandes fordern wollte, durch den die heimliche, ohne Zustimmung des Gesprächspartners erfolgende Aufnahme einer Unterhaltung auf ein Tonwiedergabegerät unter Strafe zu stellen wäre[294]). Sachlicher Erfolg wäre ihr nur dann beschieden, wenn das Bundesverfassungsgericht die bereits anerkannte Zivilrechtswidrigkeit des Tonbandmißbrauchs[295]) nicht als ausreichenden Schutz des persönlichkeitsbezogenen Rechts am eigenen Wort ansähe.

Diese Beispiele, die sich beliebig vermehren ließen, widerlegen zugleich auch die unbewiesene und unbeweisbare Behauptung, eine rechtliche Bindung in dem Sinne, daß ein Gesetz zum Schutz der Menschenwürde allgemein oder in diesem oder jenem Bereich erlassen werden müßte, könne es nicht geben. Daher sei eine Verfassungsbeschwerde, die feststellen lassen wollte, daß eine Unterlassung des Gesetzgebers verfassungswidrig sei, ebenso unzulässig, wie wenn auf ein Handeln des Gesetzgebers durch ein zu erlassendes Gesetz angetragen werde[296]). Hieran ist allein das letztere zutreffend, weil eine Unterlassungsrüge im Hinblick auf § 95, Abs. 1 BVerfGG zwar nie-

---

292) So auch Maunz-Dürig, a. a. O.: „Es kann nicht zweifelhaft sein, daß den Staat bei der heterologen Insemination gem. S. 2 des Art. 1 I nicht nur die Pflicht zur Nichtlegalisierung, sondern darüber hinaus eine echte Schutz- und Abwehrpflicht (notfalls durch Pönalisierung) trifft".

293) Ebenso a. a. O., sowie Nipperdey, S. 43 b). Vgl. zur ähnlichen Lage des unehelichen Kindes BVerfG, NJW, 1958, S. 2059 ff. (Beschl. v. 23. 10. 1958 — 1 BvL 45/56).

294) Vgl. Maunz-Dürig, a. a. O., Randnr. 33 c), Fußnote 1: „Man wird sich etwa fragen müssen, ob nicht die Schutzpflicht des Art. 1 I Satz 2 zu einer Pönalisierung des Tonbandmißbrauchs zwingt".

295) Vgl. BGHZ. Bd. 27, S. 284 ff. (Urt. v. 20. 5. 1958 — VI ZR 104/57) = NJW, 1958, S. 1344 f., sowie Maunz-Dürig, Art. 2, Abs. 1 GG, Randnr. 40.

296) So Nipperdey, S. 29 b). Hiergegen zutreffend bereits Räth, S. 72: „Wenn allerdings der Schutz der Würde nur durch den Erlaß eines Gesetzes gewährleistet werden kann, so ist es die politische (?) Verpflichtung von Regierung, Parlament und Parteien, dahingehend tätig zu werden, daß entsprechende Gesetze verabschiedet werden".

mals zu einem verfassungsgerichtlichen Verpflichtungsausspruch führen könnte[297]). Sie muß dagegen stets dann zu einer die Verfassungswidrigkeit der gesetzgeberischen Unterlassung feststellenden Entscheidung führen, wenn der auch im Privatrechtsverkehr zu schützende absolute Menschenwürdegehalt der Einzelgrundrechte durch neuartige Verletzungsformen (etwa der Technik) berührt wird, die durch das Medium der Rechtsprechung mit Hilfe der wertausfüllungsfähigen und wertausfüllungsbedürftigen Generalklauseln des Zivilrechts[298]) nicht oder nicht mehr ausreichend abgewehrt werden können. Solchenfalls konkretisiert sich die staatliche Schutzpflicht zu einer gesetzgeberischen Handlungspflicht, die dazu zwingt, privatrechtliche Wertschutzlücken durch spezielle Schutznormen zu schließen. Ob und wann diese Voraussetzungen vorliegen, hat das Bundesverfassungsgericht sachlich-rechtlich erst dann zu prüfen, nachdem es die auf Verletzung des Art. 1, Abs. 1, S. 2 GG gestützte Unterlassungsbeschwerde formell zugelassen hat.

2. Der Ausschluß positiver Fürsorge- und Förderungspflichten im Bereich der Privatrechtsordnung

Über die zur Erfüllung der staatlichen Schutzpflicht erforderlichen Gesetzesnormen hinaus lassen sich Rechtsetzungsaufträge weder aus Art. 1, Abs. 1, S. 2 GG noch aus den einzelnen Freiheitsgrundrechten herleiten. Entsprechende Unterlassungsrügen wären deshalb entweder nach § 91 a oder nach § 24 BVerfGG bereits als unzulässig zu verwerfen.

Wenn Art. 2, Abs. 1 GG dem Einzelnen als Wesensbestandteil seiner allgemeinen Handlungsfreiheit auch Vertrags- und wirtschaftliche Entfaltungsfreiheit garantiert[299]), so gewährt er ihm damit „auch jene Freiheit, sich über Grundrechtssätze, die für staatliches Handeln unabdingbar sind, unter koordinierten Rechtsgenossen hinwegsetzen zu dürfen“[300]). Das Bundesverfassungsgericht hat deshalb in Einklang mit der wohl vorherrschenden Lehre[301]) in seinem Urteil vom 15. 1. 1958[302]) mit Recht eine *unmittelbare* Grundrechtsgebundenheit

---

[297]) So mit Recht auch Maunz-Dürig, Art. 1, Abs. 3 GG, Randnr. 95, Fußnote 1: „Gegen eine Leistungsklage in irgendeiner Form bestehen in einer gewaltenteilenden Demokratie unüberwindliche Bedenken“.

[298]) Vgl. dazu grundlegend das sog. Lüthurteil BVerfG, NJW, 1958, S. 257 ff. (Urt. v. 15. 1. 1958 — 1 BvR 400/57).

[299]) So zutreffend das BVerwG ständig seit BVerwGE, Bd. 1, S. 323 (Urt. v. 18. 2. 1955 —VC 75/54) = NJW, 1955, S. 963 l.; ebenso Maunz-Dürig, Art. 2, Abs. 1 GG, Randnr. 11 und Randnr. 53. A. A. Hamel, S. 35.

[300]) Maunz-Dürig, Art. 1, Abs. 3 GG, Randnr. 130. Ebenso Reimers, S. 15.

[301]) Vgl. Maunz-Dürig, a. a. O., Randnr. 130 ff.; Reimers, S. 14 ff., und Wintrich, Problematik, S. 12 f.

privater Rechtssubjekte abgelehnt[303]). Sie müßte in der Tat zur Preisgabe der in seiner Würde mitangelegten Autonomie des Menschen führen, die ihm auch gegenüber dem Staat erlaubt, das Ob und Wie seiner Rechtsbeziehungen zu anderen Grundrechtsinhabern nach eigenem Belieben frei zu gestalten. Nur in dem Ausmaß, in dem diese grundrechtlich verbürgte Freiheit aus der gesellschaftlichen Sphäre, etwa durch wirtschaftlichen Machtmißbrauch, bedroht und der absolute Menschenwürdegehalt der Einzelgrundrechte tangiert wird, hat der Staat tätigen Schutz gegenüber Angriffen aus der Drittrichtung zu gewähren. In diesem Sinne ist beispielsweise „Art. 12 nicht nur ein Abwehrrecht gegen den Staat, er enthält vielmehr zugleich das positive Anliegen an den Staat, dem Einzelnen die Chance der beruflichen Entfaltung zu gewährleisten... Vom Staat wird daher die Inschutznahme des einzelnen vor zünftlerischen, wettbewerbsmäßigen und privilegienbetonten Schranken gefordert"[304]).

Solange der Schutzauftrag der Verfassung zutreffend als defensive A b w e h r durch positives Tun verstanden wird, kann er im allgemeinen auch durch verfassungskonforme Anwendung des Zivilrechts durch die Rechtsprechung ausreichend erfüllt werden. Wollte man die grundrechtliche Gewährleistungspflicht des Staates auf der Ebene des Privatrechts dagegen als Fürsorge- und Förderungspflicht und die Grundrechtsbindung des Privatrechtsverkehrs als eine unmittelbare mißdeuten, so wäre beides nur durch umfassendes Handeln des Gesetzgebers zu verwirklichen, allerdings nur unter gleichzeitigem Verstoß gegen seine grundrechtliche Unterlassungspflicht. Denn privatrechtliche Informationsfreiheit z. B. ließe sich ohne gesetzlichen Eingriff in Rechte Dritter (Vertragszwang), dem der Art. 5, Abs. 1 GG selbst entgegenstünde, nicht durchsetzen. Ein Recht auf Arbeitsverschaffung könnte nur mit Hilfe von Arbeitseinsatz- und Arbeitslenkungsgesetzen garantiert werden, die Art. 12, Abs. 2 GG gerade verhindern will[305]), abgesehen davon, daß damit die vom Grundgesetz vorausgesetzte Freiheit der Wirtschaftsordnung[306]) in das Gegenteil einer staatsgelenkten Zwangswirtschaft verkehrt würde.

Diese beiden Beispiele lassen schon deutlich genug erkennen, daß sich unmittelbare Grundrechtsbindung der öffentlichen Gewalt u n d privater Rechtssubjekte zugleich eben der primären Abwehrfunktion der Grundrechte wegen ausschließen[307]).

---

302) BVerfG, NJW, 1958, S. 257 (Urt. v. 15. 1. 1958 — 1 BvR 400/57).

303) So auch Maunz-Dürig, Art. 1, Abs. 3 GG, Randnr. 132. A. A. Reimers, S. 15.

304) Werner, S. 99 f. Zustimmend Bachof, Freiheit, S. 163, Fußnote 31.

305) So Maunz-Dürig, Art. 2, Abs. 1 GG, Randnr. 44, cc). Vgl. auch Bachof, Freiheit, S. 172 ff. und S. 250 f.

306) Vgl. dazu Huber, Wirtschaftsverfassungsrecht, durchgehend, sowie Hamann, Wirtschaftsverfassungsrecht, S. 48 ff.

307) Ebenso Maunz-Dürig, Art. 1, Abs. 3 GG, Randnr. 130.

Jene verfassungspolitische Primärfunktion, nämlich der Schutz der individuellen Freiheit vor übermäßigen Eingriffen des Staates[308]), kann nur gewahrt werden, wenn anerkannt wird, daß die Verbotswirkung der negativen Statusrechte nach Inhalt und Umfang weiterreicht als der ihnen nur sekundär innewohnende positive Gebotsgehalt. Er besteht nicht in der gesetzgeberischen Verwirklichung einer unmittelbaren Grundrechtsdrittwirkung durch entsprechende Ordnung des Privatrechts, sondern beschränkt sich auf der Ebene des bürgerlichen Rechtslebens auf eine staatliche Polizisten- und Nachtwächterpflicht. Sie gebietet dem Staat lediglich, dafür Sorge zu tragen, daß private Rechtssubjekte bei der an sich grundrechtsfreien Gestaltung ihrer Rechtsbeziehungen nicht jene grundrechtlichen Wertgehalte mißachten, die sich im Zivilrecht „durch das Medium der dieses Rechtsgebiet unmittelbar beherrschenden Vorschriften entfalten"[309]) und für den Richter besonders realisierbar durch die Generalklauseln sind[310]). Nur in diesem mittelbaren Umfang, in dem die Grundrechtsnormen als absolute Wertmaßstäbe das bürgerliche Recht beeinflussen, können sich die negativen Freiheitsrechte in einen positiven Anspruch des Einzelnen auf staatliche Inschutznahme verwandeln. Da eine Verletzung ihrer sekundären Gebotsfunktion in aller Regel darin bestehen wird, daß der Zivilrichter bei der Beurteilung eines bürgerlichen Rechtsstreites die Einwirkung der Grundrechtswerte auf privatrechtliche Verhaltensnormen außer Acht läßt, eine Unterlassung, gegen die das Bundesverfassungsgericht neuerdings die Verfassungsbeschwerde zugelassen hat[311]), ist die staatliche Schutzpflicht naturgemäß von der rechtsprechenden Gewalt zu erfüllen. Der Gesetzgeber wird dagegen vom Gebotsgehalt der Freiheitsgrundrechte nur in den seltenen Fällen angesprochen, in denen die Rechtsprechung ihm mit ihren Mitteln im Sinne der Verfassung nicht mehr ausreichend gerecht zu werden vermag[312]).

Grundsätzlich lassen sich aber aus den negativen Statusrechten trotz ihrer häufig positiven Formulierung keinerlei gesetzgeberische Handlungsgebote herleiten. Besondere Vorsicht ist deshalb auch bei der Einführung des straf- und zivilrechtlichen Begriffes der sog. unechten Unterlassung ins Verfassungsrecht geboten, den die neuere Grundrechtstheorie in die Lehre von der Grundrechtsverletzung erst-

---

[308]) Vgl. BVerfG, NJW, 1958, S. 257 r. (Urt. v. 15. 1. 1958 — 1 BvR 400/57): „Ohne Zweifel sind die Grundrechte in erster Linie dazu bestimmt, die Freiheitssphäre des einzelnen vor Eingriffen der öffentlichen Gewalt zu sichern; sie sind Abwehrrechte des Bürgers gegen den Staat".

[309]) BVerfG, a. a. O.

[310]) So a. a. O., S. 257 l., Leitsatz b).

[311]) BVerfG, a. a. O.

[312]) Ebenso Maunz-Dürig, Art. 1, Abs. 3 GG, Randnr. 133, cc): „Am seltensten werden die Fälle sein, wo die Verfassung in der Tat vom Privatrecht eine Wertschutzlückenschließung fordert."

mals aufgenommen hat[313]). Sie hat aus der Verbotsnorm des Art. 2, Abs. 2 GG, die das Recht des Einzelnen auf Leben ursprünglich nur negativ gegen Existenzvernichtungen durch aktives Tun (Töten) abschirmt[314]), einen Gebotssatz entwickelt, der den Staat darüber hinaus auch zur positiven Fürsorgeunterstützung Hilfsbedürftiger verpflichtet[315]). Das lebensvernichtende Unterlassen kann jedoch zur Begründung eines sozialen Grundrechts auf Freiheit von materieller Not dem tätigen Handeln nur deshalb unbedenklich gleichgesetzt werden, weil die physische Existenz des Menschen zu den wenigen Rechtsgütern zählt, die als solche im Zeichen des Sozialstaates gegen beide Angriffsformen geschützt sind. In der Mehrzahl der Fälle aber unterscheidet sich die Schutzintensität der straf- und zivilrechtlichen Rechtsgüter (Eigentum, Persönlichkeitsrecht usw.) gegenüber den gleichnamigen Grundrechtswerten des Verfassungsrechts[316]) dadurch, daß jene gegen positive und bei vorhandener Garantenpflicht auch gegen negative Verletzung Normenschutz genießen, während diese als reine Verbotssätze vorwiegend nur positive staatliche Eingriffsakte abwehren. Dieser fundamentale Unterschied verbietet es regelmäßig, den Handlungsverboten der negatorischen Freiheitsgrundrechte nach dem Muster des Straf- und Zivilrechts staatliche Handlungsgebote gleichzusetzen, die ohnehin nicht ohne Verletzung jener Tätigkeitsverbote erfüllt werden könnten.

II. Der Ausschluß reiner Ermächtigungsnormen und das Problem der teilweisen Unterlassung

Zu den negativen Statusrechten, die nach alledem als Grundlage einer konkreten Rechtsetzungspflicht ausscheiden, treten des weitere solche Grundrechtsbestimmungen hinzu, die den Gesetzgeber zum Erlaß eines förmlichen Gesetzes nur ermächtigen, ohne ihn zugleich hierzu zu verpflichten. Hierher gehört neben den zahlreichen speziellen Gesetzesvorbehalten (vgl. Art. 2, Abs. 2, S. 3; Art 5, Abs. 2; Art. 8, Abs. 2 GG usw.) insbesondere die Sozialisierungsermächtigung des Art. 15 GG[317]). Wenn die Verfassung dort vorsieht, daß bestimmte Objekte durch Gesetz in Gemeineigentum überführt werden können, so stellt sie dem Bundes- oder Landesgesetzgeber (vgl. Art. 74, Ziff. 15 GG) die Entscheidung über das „Ob" einer Sozialisierungsgesetzgebung in sein freies, nicht nachprüfbares Ermessen.

313) So Pinger, S. 78 ff., S. 84 ff., sowie Maunz-Dürig, Art. 2, Abs. 2 GG, Randnr. 26 f.

314) Vgl. dazu Pinger, S. 69 ff.

315) So a. a. O. S. 88 ff. und S. 107 ff. Ebenso Maunz-Dürig, a. a. O. Vgl. dazu des näheren u. S. 60 f.

316) Vgl. dazu Maunz-Dürig, Art. 2, Abs. 1 GG, Randnr. 40, bb).

317) So auch v. Mangoldt-Klein, Art. 15 GG, II 4, sowie Maunz, Staatsrecht, S. 139, und Nöfer, S. 131. A. A. Hamann, Wirtschaftsverfassungsrecht, S. 166.

Diese klare Kann-Bestimmung kann deshalb ohne Vergewaltigung des Verfassungswortlautes selbst dann nicht in eine Muß-Vorschrift umgedeutet werden, wenn das Parlament von seiner nicht fristgebundenen und daher zeitlich unbegrenzten Ermächtigung niemals Gebrauch machen würde[318]. Bindet aber Art. 15 GG den Gesetzgeber nicht in der Vornahme einer Sozialisierungsgesetzgebung, sondern nur in ihrer inhaltlichen Ausgestaltung (Entschädigungszwang), so kommt als Gegenstand einer Verfassungsbeschwerde, dem Verbotsgehalt dieser Bindung entsprechend, nicht die parlamentarische Untätigkeit als solche in Betracht, sondern ausschließlich der positive, jedoch inhaltlich grundrechtswidrige Gesetzgebungsakt.

Insoweit stimmt die Rechtslage beim Erlaß von Sozialisierungsgesetzen mit der beim Erlaß von Enteignungsgesetzen bestehenden Verfassungslage überein. Wenn Art. 15 und Art 14, Abs. 3, S. 2 und S. 3 GG für beide Gesetzesarten einen Zwang zur Regelung von Art und Ausmaß der Entschädigung statuieren, so legen sie damit nur das „Wie“ des Gesetzesinhaltes hinsichtlich bestimmter Modalitäten fest. Enthält das Sozialisierungs- oder Enteignungsgesetz keine oder keine ausreichende (angemessene) Entschädigungsregelung, so begeht der Gesetzgeber dadurch keine selbständige Unterlassung, die als solche im Wege der Verfassungsbeschwerde angefochten werden und zu einem Feststellungsurteil führen könnte, das den Gesetzgeber zur Gesetzesergänzung zwingen würde. Als untrennbarer Bestandteil der positiven Teilregelung kann diese „Unterlassung“ vielmehr von dem übrigen Gesetzesinhalt nicht abgespalten und einer isolierten rechtlichen Betrachtung unterworfen werden[319]. Dort, wo die Verfassung ausschließlich das „Wie“ einer gesetzlichen Regelung normiert, ohne den Gesetzgeber zugleich zu ihrer Vornahme zu verpflichten, stellt das Unterlassen einer diesem „Wie“ entsprechenden Gesetzesgestaltung nur scheinbar ein echtes Unterlassen als Verstoß gegen eine selbständige Gebotsnorm dar. In Wahrheit aber verhält sich der Gesetzgeber auch dann nicht gänzlich untätig, wenn er es im Rahmen einer Gesamtregelung nur „unterläßt“, bestimmte Fragen, deren Normierung die Verfassung bindend vorschreibt, in diese Gesamtregelung aufzunehmen. Denn in diesem Falle besteht ein unlöslicher Zusammenhang zwischen dem positiven Gesetzesinhalt und der nur „relativen Unterlassung“[320], eine Relation, durch die sich jenes teilweise Unterlassen tatsächlich nur als Unvollständigkeit und Man-

318) So aber fälschlich Krüger, Herb., Sozialisierung, S. 309: „Von einer Verletzung der dem Gesetzgeber auferlegten Verpflichtung (?) könnte erst dann die Rede sein, wenn er die durch Art. 15 GG ermöglichte Gesetzgebung aus Willkür unterließe.“

319) Vgl. zur ähnlich gelagerten Problematik des Art. 3 GG Wessel, S. 164 und S. 167, sowie Lechner, Zulässigkeit, S. 1817 r. und S. 1818 f.

320) Wessel, S. 164.

gelhaftigkeit der positiven Teilregelung selbst darstellt. Der Beschluß des Bundesverfassungsgerichts vom 20. 2. 1957 steht dem nicht entgegen[321]), da er sich mit dem Problem des teilweisen Unterlassens nur im Hinblick auf Art. 3 GG befaßt, der im Gegensatz zu den hier behandelten Fällen eine selbständige Gebotsnorm enthält und deshalb eine andere Beurteilung erfordert[322]). Wenn das Bundesverfassungsgericht selbst alle Enteignungsgesetze, die nach Inkrafttreten des Grundgesetzes erlassen worden sind und die Entschädigung nicht in einer dem Art. 14, Abs. 3, S. 2 und S. 3 GG entsprechenden Weise regeln, wegen Verstoßes gegen diese sog. Junktimklausel für verfassungswidrig erklärt hat[323]), so ist dies nur auf dem Boden der hier vertretenen Auffassung verständlich. Denn es stellt nicht etwa fest, daß der Gesetzgeber durch Unterlassen einer ausreichenden Entschädigungsregelung die Verfassung verletzt habe, sondern entzieht diesem unechten, weil nur scheinbaren Unterlassen zutreffend eine selbständige, vom übrigen Gesetzesinhalt unabhängige Bedeutung, indem es das gesamte Enteignungsgesetz als lückenhaft und daher nichtig aufhebt.

Die aus dieser Entscheidung abzuleitende Folgerung bleibt freilich nicht beschränkt auf die Ermächtigungen der Art. 14 und Art. 15 GG. Wo immer auch die Verfassung dem Gesetzgeber keine absoluten, selbständigen Handlungspflichten auferlegt, sondern ihm nur die Möglichkeit zu gesetzlichen Maßnahmen eröffnet (Gesetzesvorbehalte), ist für eine Unterlassungsbeschwerde kein Raum, wenn er von dieser Möglichkeit Gebrauch macht, ohne den vom Grundgesetz vorgeschriebenen Mußinhalt in die Gesamtregelung aufzunehmen. Dies gilt sowohl für den Fall, daß dieser Mußinhalt, von dessen Beachtung die Verfassungsmäßigkeit des Gesetzes abhängt, nur in abweichender Form in den Gesetzesbeschluß eingeht, als auch dann, wenn er überhaupt nicht berücksichtigt wird. In beiden Fällen richtet sich die Verfassungsbeschwerde gegen den positiven Gesetzgebungsakt als solchen mit dem Ziel seiner gesamten oder teilweisen Aufhebung[324]).

III. Art. 1, Abs. 1, S. 2 GG als Grundlage konkreter Handlungspflichten im sozialen Bereich

Im Gegensatz zu den bisher behandelten Grundrechtsnormen begründet der Verfassungssatz des Art. 1, Abs. 1, S. 2 GG — wie bereits

---

[321]) BVerfG, NJW, 1957, S. 584 (Beschl. v. 20. 2. 1957 — 1 BvR 441/53).

[322]) Vgl. dazu u. S. 66 ff und S. 68 f.

[323]) So BVerfGE, Bd. 4, S. 230 ff. (Beschl. v. 21. 7. 1955 — 1 BvL 33/51) = NJW, 1955, S. 1268 ff.

[324]) Vgl. zum Verhältnis von Teilnichtigkeit zur Gesamtnichtigkeit BVerfGE, Bd. 8, S. 274 ff. (Beschl. v. 12. 11. 1958 — 2 BvL 4/56) = NJW, 1959, S. 475 l., Leitsatz c).

oben kurz angedeutet[325]) — nicht nur staatliche Unterlassungspflichten, sondern auch positive Handlungsgebote, die staatliche Aktivität fordern und durch Unterlassen übertreten werden können. Denn während die Achtungspflicht eine Verbotsnorm statuiert, die ein Nichtantasten der Menschenwürde durch hoheitliche Maßnahmen befiehlt[326]) und durch den Gesetzgeber etwa durch ausdrückliche Zulassung von Folterungen oder gesetzliche Verweigerung des rechtlichen Gehörs im Prozeßverfahren[327]) verletzt sein würde, enthält die Schutzpflicht des Art. 1, Abs. 1, S. 2 GG einen aktuellen Gebotssatz des objektiven Verfassungsrechts. Seine Normqualität ergibt sich bereits zwingend aus der juristischen Bedeutung des Wortes „Verpflichtung" sowie aus der Aufnahme des Art. 1 GG in die Unantast-barkeiten des Art. 79, Abs. 3 GG[328]) und wird von der herrschenden Lehre in der Tat nicht mehr ernsthaft bestritten[329]). Freilich bedarf er ebenso wie andere sog. Grundsatznormen[330]) seiner inhaltlichen Unbestimmtheit wegen einer näheren, rechtssatzmäßigen Konkretisierung, was seine aktuelle Rechtsverbindlichkeit jedoch ebensowenig in Frage stellen kann wie seine Justiziabilität[331]). Gerade der Mangel einer festumrissenen Gegenstandsbestimmung der Begriffe „Schützen" und „Menschenwürde" muß eher als Vorzug denn als eigentlicher Mangel gewertet werden, weil nur eine generalklauselartige Gebotsnorm den umfassenden positiven Schutzauftrag des Art. 1, Abs. 1, S. 2 GG verwirklichen kann, den die zahlenmäßig überwiegenden, auf staatliches Unterlassen abzielenden Verbotssätze des Grundrechtekatalogs nicht zu erfüllen vermögen[332]). Wann sich dieser weitreichende Gebotsbefehl, der Gesetzgebung, Verwaltung und Rechtsprechung in ihrem jeweiligen Funktionsbereich gleichermaßen bindet, zu konkreten Handlungspflichten der Legislative verdichtet, kann allerdings nicht generell im voraus für alle denkbaren Fälle bestimmt werden. Dies folgt zwangsläufig aus der Unbestimmtheit des Schutzobjektes „Menschenwürde", das sich als irrationaler Wertbegriff als ebenso unabgegrenzt erweist wie das, was den Inhalt der Persönlich-

---

325) Vgl. o. S. 50 ff.

326) Vgl. Nipperdey, S. 26 ff. und S. 32 ff.

327) Vgl. dazu Maunz-Dürig, Art. 103, Abs. 1 GG, Randnr. 5.

328) So schon Dürig, Menschenauffassung, S. 260: „Durch rechtliche Sperrvorschriften kann man ethische Normen nur dann und insoweit schützen, als sie gleichzeitig Rechtsnormen sind." Ebenso Künkele, S. 31.

329) Vgl. v. Mangoldt-Klein, Art. 1 GG, III 1, Künkele, S. 30 ff., v. Hippel, Naturrecht, S. 363 f., Maunz-Dürig, Art. 1, Abs. 1 GG, Randnr. 15, und Nipperdey, S. 2.

330) Vgl. dazu Wolff, S. 37 ff., und v. Mangoldt-Klein, Vorbem. A II 4 e und VI 4 a vor „Die Grundrechte".

331) So schon Wintrich, Problematik, S. 15; Löw, Würde, S. 516, und Maunz-Dürig, Art. 1, Abs. 1 GG, Randnr. 2, Fußnote 2. Unrichtig daher Wertenbruch, S. 30 ff.

332) Ebenso Löw, Würde, S. 520.

keit ausmacht[333]). Negativ, d. h. vom Verletzungsvorgang her, wird sich jedoch mit ziemlicher Gewißheit stets feststellen lassen, wann die Natur des Menschen, d. h. die Einheit seiner geistig-seelisch-leiblichen Seinsstruktur, im Kern getroffen ist[334]). Vermag nur der Erlaß neuer, zusätzlicher Gesetzesnormen in einzelnen Bereichen der Rechtsordnung die personale Würde des Menschen (etwa als Angeklagter im Strafverfahren) ausreichend zu schützen, so begeht der Gesetzgeber eine die Zulässigkeit der Verfassungsbeschwerde begründende grundrechtswidrige Unterlassung, wenn er es versäumt, die alsdann durch Art. 1, Abs. 1, S. 2 GG gebotene Rechtsetzung in angemessener Frist vorzunehmen. Zu rechtssatzmäßig bestimmten Handlungsgeboten der Legislative kann sich der Schutzauftrag der Verfassung insbesondere im sozialen Bereich konkretesieren, was als ein besonders anschauliches Beispiel im folgenden stellvertretend für viele andere darzulegen sein wird.

So ist die Wesenheit des Menschen im Kern verletzt, wenn der Bundes- oder Landesgesetzgeber, zu dessen Funktionsbereich nach Art. 74, Ziff. 7 GG die öffentliche Fürsorgegesetzgebung gehört, dem Einzelnen das zu einem menschenwürdigen Dasein erforderliche Mindestmaß an materiellen Gütern (Kleidung, Wohnung[335]) und Nahrung) vorenthalten würde[336]). Denn ohne ökonomische Gütersubstanz müßte die biologisch-physische Existenz des Menschen und damit auch seine geistig-seelische Entfaltungsfreiheit, die seine Würde ausmacht, verkümmern[337]).

In Art. 1, Abs. 1, S. 2 GG und nicht erst in Art. 20 hat deshalb die allgemein anerkannte Rechtspflicht des Gesetzgebers zur Schaffung gesetzlicher Grundlagen für die Geltendmachung des verwaltungsbezogenen Fürsorgeanspruches ihren dogmatisch richtigen Standort[338]). Eine Bezugnahme auf den Sozialgestaltungsauftrag des Art. 20 oder auf Art. 2, Abs. 2 GG könnte allenfalls als Zusatzbegründung in Betracht kommen[339]), zumal ohnehin in der Sozialstaatserklärung nichts

---

333) Vgl. Maunz, Staatsrecht, S. 94: „Würde des Menschen ist das, was den Inhalt der Persönlichkeit ausmacht."

334) So auch Maunz-Dürig, Art. 1, Abs. 1 GG, Randnr. 28.

335) Vgl. zum Recht auf Wohnung Winkelvoss, durchgehend.

336) Vgl. dazu Maunz-Dürig, Art. 1, Abs. 1 GG, Randnr. 43; Nipperdey, S. 5 ff.; Künkele, S. 89 ff.; Hamel, S. 25 ff.; Wintrich, Problematik, S. 19, sowie Bachof, Rechtsstaat, S. 42 f.

337) Ebenso Maunz-Dürig, a. a. O.: „Er lebt nicht, er vegetiert." Ähnlich Dürig, Menschenauffassung, S. 262: „Das Christuswort: ‚Der Mensch lebt nicht vom Brot allein' beinhaltet zunächst einmal den Satz: ‚Der Mensch lebt vom Brot'."

338) A. A. BVerfG, NJW, 1952, S. 298 l. (Beschl. v. 19. 12. 1951 — 1 BvR 220/51), sowie Pinger, S. 89 ff. und S. 107 ff.

339) A. A. Künkele, S. 90; Nipperdey, S. 6, und Maunz-Dürig, a. a. O., Randnr. 43.

anderes zu sehen ist als die „Projizierung der Garantie der Menschenwürde auf den sozialen Bereich“[340]).

Würde der Bundes- oder Landesgesetzgeber die gebotene Durchnormierung des verfassungsmäßig vorgegebenenen Rechts auf Sicherung des Existenzminimums versäumen, so beginge er insoweit eine grundrechtswidrige Unterlassung[341]), die zur Zulässigkeit einer hiergegen gerichteten Verfassungsbeschwerde führen müßte[342]). Eine Klage etwa, durch die ein Beschwerdeführer feststellen lassen wollte, daß der Gesetzgeber verfassungswidrig handle, wenn er es unterlasse, das geplante neue Bundesfürsorgegesetz[343]) in angemessener Frist zu verabschieden, könnte deshalb im Hinblick auf die bestehende Fürsorgepflichtverordnung vom 13. 2. 1924 allenfalls als sachlich-rechtlich unbegründet abgewiesen, bei Vorliegen des erforderlichen Rechtsschutzinteresses keineswegs aber bereits prozessual als unzulässig verworfen werden.

Das gleiche gilt für die Nichterfüllung anderer sozialrechtlicher Verschaffungspflichten des Gesetzgebers, die primär nicht in Art. 20 GG[344]), sondern bereits in der Schutzpflicht des Art. 1, Abs. 1, S. 2 GG ihre verfassungsmäßig zureichende Begründung finden[345]). Ihre durch legislatorische Untätigkeit begangene Verletzung muß deshalb stets bis in den Bereich materiell-rechtlicher Prüfung vordringen, wo allein der Ort ist, einem versorgungsstaatlichen Mißbrauch des Art. 1, Abs. 1, S. 2 GG vorzubeugen.

Gegenüber dem Art. 20 GG weist der Inhalt dessen, was die Verpflichtung zum positiven Schutz der Menschenwürde[346]) vom Gesetzgeber an legislatorischen Maßnahmen fordert, durch den Begriff des „Schützens“[347]) und durch den der „Menschenwürde“ ein unvergleichlich höheres Maß an Inhaltsbestimmtheit auf als die vage Sozialstaatsklausel der Verfassung, deren Bedeutung und Tragweite ohnehin im einzelnen immer noch lebhaft umstritten sind[348]). Deshalb verdient Art. 1, Abs. 1, S. 2 GG als Grundlage und Auffangtatbestand für unbenannte soziale Leistungspflichten des Gesetzgebers auch

340) Hamann, Kommentar, Einf. I D 2.

341) Ebenso Groß, S. 370.

342) Ebenso Pinger, S. 110 ff. Abweichend BVerfG, NJW, 1952, S. 298 l.: „Aber nur wenn der Gesetzgeber diese Pflicht willkürlich, d. h. ohne sachlichen Grund versäumte, könnte möglicherweise (!) dem Einzelnen hieraus ein mit der Verfassungsbeschwerde verfolgbarer Anspruch erwachsen.“

343) Vgl. dazu Gross, durchgehend.

344) So aber Maunz-Dürig, Art. 1, Abs. 1 GG, Randnr. 13, Fußnote 1.

345) Ebenso Löw, Würde, S. 520.

346) Vgl. hierzu auch Wertenbruch, S. 150 f. und S. 177 f.

347) Vgl. dazu BVerfG, NJW, 1957, S. 418 r. (Beschl. v. 17. 1. 1957 — 1 BvL 4/54): „... er bedeutet seinem Wortsinn nach die Förderung des Schutzgutes, die Abwehr von Störungen oder Schädigungen ...“

348) Vgl. dazu Gerber, S. 5 ff., und Bachof, Rechtsstaat, S. 37 ff.

außerhalb des eigentlichen Fürsorgerechts den Vorzug vor Art. 20 GG, zumal dessen Tauglichkeit als selbständiger Anspruchsgrund neuer sozialer Rechte wohl überwiegend verneint wird[349]). Hinzu kommt vom formellen Rechtsschutz her schließlich noch die Erwägung, daß allein auf eine Verletzung des Art. 20 GG, der vom Katalog des § 90, Abs. 1 BVerfGG nicht miterfaßt wird, eine Unterlassungsbeschwerde in zulässiger Weise nicht gestützt werden könnte[350]), so daß zumindest zur materiell-rechtlichen Inhaltsbestimmung des aus Art. 20 GG entnommenen Handlungsgebots wiederum auf Art. 1, Abs. 1, S. 2 GG zurückgegriffen werden müßte[351]). In Wahrheit legt aber die dort genannte Schutzverpflichtung nicht nur Ausmaß und Mindestinhalt („menschenwürdig") des zu ihrer Erfüllung erlassenen Sozialgesetzes fest, sie normiert auch das Ob und Wann eines solchen Gesetzes. Denn sie verpflichtet den Gesetzgeber zur V o r n a h m e legislatorischer Maßnahmen stets dann, wenn sich die existentielle Abhängigkeit des modernen Menschen von der staatlichen Daseinsvorsorge zu einer extremen Schutzbedürftigkeit steigert, der Verwaltung und Rechtsprechung wegen der Unzulänglichkeit der vorhandenen Gesetzeslage nicht mehr abzuhelfen vermögen.

Gegenüber der Ableitung sozialer Leistungspflichten aus der Gebotsnorm des Art. 1 Abs. 1, S. 2 GG läßt sich auch nicht mit Erfolg einwenden, das positive Tun des „Schützens" sei abwehrende Staatstätigkeit und keine positive Gestaltung[352]) und könne deshalb nicht mit „Verschaffen" gleichgesetzt werden[353]). Diese Auffassung beruht ganz offensichtlich auf einer Verwechslung von Mittel und Zweck. Wenn der Gesetzgeber in den Fällen, in denen er von Verfassungs wegen zur Gewährung minimaler Sozialleistungen verpflichtet ist, dem Einzelnen materielle Sicherheit verleiht, so wehrt er damit gewiß nur Gefahren ab, die den arbeitslosen, arbeitsunfähigen oder alternden Menschen aus der Unsicherheit des sozialen Lebens heraus in der Führung eines „menschenwürdigen" Daseins bedrohen. Das Ziel der Gefahrabwehr, d. h. die „Befreiung" des Individuums von menschenunwürdigen Lebensbedingungen[354]) kann jedoch nur verwirklicht werden mit dem Mittel der positiven Gestaltung einer sozial

---

349) Vgl. etwa v. Mangoldt-Klein, Art. 20 GG VII 2 c), sowie Hamann, Kommentar, Einf. I D 2.

350) So schon BVerfGE, Bd. 2, S. 336 (Beschl. v. 17. 6. 1953 — 1 BvR 668 52). Vgl. dazu auch Zeidler, durchgehend.

351) So bereits Maunz-Dürig, Art. 2, Abs. 2 GG, Randnr. 26, c).

352) So Maunz-Dürig, Art. 1, Abs. 1 GG, Randnr. 3. Ebenso BVerfG, NJW, 1952, S. 298 l. (Beschl. v. 19. 12. 1951 — 1 BvR 220/51): „... verpflichtet den Staat zwar zu dem positiven Tun des ‚Schützens', doch ist dabei nicht Schutz vor materieller Not, sondern Schutz gegen Angriffe auf die Menschenwürde durch Andere ... gemeint." Hiergegen bereits Nipperdey, S. 6, Künkele, S. 92, sowie Bachof, Rechtsstaat, S. 42 f.

353) So Maunz-Dürig, a. a. O., Randnr. 13, Fußnote 1.

354) Vgl. dazu Hamel, S. 25.

gerechten Lebensordnung sowie durch Verschaffung bestimmter existenznotwendiger Rechte, z. B. auf Arbeitslosengeld oder auf ärztliche Versorgung im Krankheitsfalle.

Daß die aus Art. 1, Abs. 1, S. 2 GG und eventuell in Verbindung mit Art. 20 GG abzuleitenden sozialen Leistungspflichten[355]) ausschließlich in der gesetzgebenden Gewalt ihren Vollzugsadressaten finden und ihrem Inhalt nach auf gesetzliche Durchnormierung abzielen, ergibt sich einmal aus dem Wesen der sozialen Verfassungsrechte[356]), die nach herrschender Auffassung ohne gesetzliche Grundlage für Verwaltung und Rechtsprechung nicht vollziehbar sind[357]). Dies folgt zum anderen aber auch aus dem in Art. 20, Abs. 3 GG niedergelegten Grundsatz von der Gesetzmäßigkeit der vollziehenden Gewalt[358]), der richtiger Ansicht nach nicht nur für die in Freiheit und Eigentum des Bürgers eingreifende, sondern auch für die moderne, leistunggewährende Verwaltung Geltung beansprucht[359]).

Wenn auch im allgemeinen die schlüssige Behauptung des Beschwerdeführers, der Gesetzgeber habe durch Unterlassen einer wirtschaftlichen oder sozialen „Notstandsgesetzgebung" die ihm aus Art. 1, Abs. 1, S. 2 GG dem Einzelnen gegenüber obliegende Schutzpflicht verletzt, die Zulässigkeit einer Verfassungsbeschwerde begründet, so wird sie jedoch stets dann ausgeschlossen sein, wenn das Parlament die geforderten Handlungen bereits von Verfassungs wegen gar nicht vornehmen kann. Diese Voraussetzung wäre etwa erfüllt, wenn die zur Verwirklichung der begehrten Hilfsmaßnahmen erforderlichen Haushaltsmittel nicht oder nur unter Verstoß gegen Art. 112 GG, aufgebracht werden könnten. Solchenfalls ermangelte es nicht erst an der objektiven Pflichtwidrigkeit der gesetzgeberischen Unterlassung, sondern bereits an deren Tatbestandsmäßigkeit. Denn zum Wesen der Unterlassung gehört im Verfassungsrecht ebenso wie im Straf-[360]) und Zivilrecht, daß der Unterlassende überhaupt die Möglichkeit hat, in der vorgeschriebenen Weise tätig zu werden[361]). Diese Möglichkeit fehlt dem Gesetzgeber aber dann, wenn

---

[355]) Vgl. Künkele, S. 92: „... die staatliche Schutzpflicht stellt damit eine Generalklausel elementarer lebensnotwendiger sozialer Rechte dar."

[356]) Vgl. dazu Huber, Verfassungsrechte, durchgehend.

[357]) So a. a. O., 157 ff., Scheuner, Garantien, S. 97 f., und Kaufmann, Grundrechte, S. 84 f. Vgl. des näheren u. S. 86 ff.

[358]) Vgl. dazu Pfeiffer, S. 175 ff.

[359]) So auch Hamann, Kommentar, Einf. I D 1 c), und Menger, S. 734: „Das Gesetz als Schranke des Müssens." Offengelassen in BVerfGE, Bd. 8, S. 155 (Beschl. v. 6. 8. 1958 — 2 BvL 37/56). A. A. BVerwG, NJW, 1959, S. 1098 f. (Urt. v. 19. 12. 1958 — VII C 204/57), sowie Krüger, Hildeg., Gleichbehandlungsgrundsatz, S. 179 f.

[360]) Vgl. dazu Maurach, S. 173, und Mezger, S. 137.

[361]) So auch Pinger, S. 86 f. und S. 89: „Für das Vorhandensein der Kausalität" (einer gesetzgeberischen Unterlassung) „ist schließlich noch Voraussetzung, daß die Gewährung der notwendigen öffentlichen Mittel dem Gesetzgeber möglich ist."

er seinen Handlungsgeboten nur unter Verletzung der ihm ebenfalls auferlegten Handlungsverbote nachkommen könnte (vgl. hier Art. 112 und Art. 111 GG). In diesem Sinne läßt sich der altrömische Rechtssatz „Ultra posse nemo obligatur" als Auffanggrenze für offensichtlich unhaltbare Unterlassungsbeschwerden schon bei der Zulässigkeitsprüfung hier ebenso wie in anderen vergleichbaren Fällen[362]) nutzbar machen. Im vorliegenden Zusammenhang versagt er allerdings dann, wenn der Beschwerdeführer vom Gesetzgeber nicht die gesetzliche Regelung materieller, sozialer Leistungen fordert, sondern den Erlaß spezieller Schutznormen, die dem Einzelnen den Genuß eines ökonomischen Minimums seines e i g e n e n marktwirtschaftlichen Einkommens garantieren. Denn diese Forderung wird er in aller Regel ohne Verletzung anderweitiger Verbotsnormen der Verfassung erfüllen können. Er wird sie aber auch erfüllen müssen, denn Art. 1, Abs. 1, S. 2 GG zwingt den Staat nicht nur zur Gewährung des daseinsnotwendigen Lebensbedarfs, wenn sich der Einzelne die zu seiner Erhaltung erforderliche Gütersubstanz nicht selbst beschaffen kann, er verpflichtet auch dazu, ihm ein Mindestmaß des eigenen Erwerbs- oder Vermögenseinkommens zu belassen[363]). Soweit der Staat selbst dieses Mindestmaß angreift, etwa durch seine Besteuerung, tastet er die Würde des Menschen an und verletzt durch positives Tun die ihm obliegende Achtungspflicht. Soweit das Existenzminimum dagegen von privaten Rechtssubjekten angegriffen wird (Geldgläubiger), verstoßen sie ebenfalls gegen den sich auch im Privatrecht durchsetzenden absoluten Achtungsanspruch[364]). Hiergegen hat der Gesetzgeber bei unzureichender Gesetzeslage positiven Schutz zu gewähren, indem er neue Rechtsnormen schafft oder die bestehenden den Inhaltsanforderungen des Begriffes „menschenwürdig" angleicht.

Deshalb wäre eine Verfassungsbeschwerde als zulässig zu behandeln, die feststellen lassen wollte, daß der Gesetzgeber grundrechtswidrig handle, wenn er es unterlasse, in den Vorschriften der §§ 850 ff. der Zivilprozeßordnung die Pfändungsfreigrenzen für Arbeitseinkommen so zu bemessen, daß dem Geldschuldner das für ein menschenwürdiges Dasein erforderliche Minimum seines Arbeitsertrages verbleibt. Ob diese Behauptung unter Berücksichtigung einer etwaigen Indexsteigerung der allgemeinen Lebenshaltung sachlich zutrifft, ist auch hier wiederum allein für die materiellen Erfolgsaussichten der auf Art. 1, Abs. 1, S. 2 GG gestützten Unterlassungsbeschwerde entscheidend.

---

362) Vgl. etwa die o. S. 54 erörterten Fälle.
363) So schon Maunz-Dürig, Art. 1, Abs. 1 GG, Randnr. 44, bb).
364) Vgl. dazu a. a. O., cc).

IV. Der Gleichheitssatz (Art. 3, Abs. 1 GG) als Grundlage selbständiger Rechtsetzungspflichten

Die im Geltungsbereich der Weimarer Reichsverfassung lebhaft umstrittene Frage, ob der Gleichheitssatz (Art. 109, Abs. 1 WV) nur als Gleichheit der Gesetzesvollziehung zu verstehen sei oder über Verwaltung und Rechtsprechung hinaus auch den Gesetzgeber zu binden vermag[365]), wird für Art. 3, Abs. 1 des Bonner Grundgesetzes von der Rechtsprechung einmütig[366]) und in der literarischen Erörterung überwiegend mit Recht im letzteren Sinne entschieden[367]). Denn auch ohne ihre in Art. 3, Abs. 1 GG in Verbindung mit Art. 1, Abs. 3 GG enthaltene Positivierung ergäbe sich die Rechtsetzungsgleichheit als Gerechtigkeitspostulat bereits aus der Bindung des Gesetzgebers an die verfassungsmäßige Ordnung (Art. 20, Abs. 3 GG), für die das Prinzip materieller Gerechtigkeit schlechthin konstituierend ist[368]). Einer gesetzgeberischen Ungleichbehandlung stünde vielfach auch die Forderung des Art. 1, Abs. 1 GG entgegen, die dazu zwingt, um der gleichen Würde des Menschen willen ihn nicht durch unsachgemäße Differenzierung gegenüber anderen zu „entwürdigen“[369]).

„Das Problem ist hiernach heute nicht mehr, ob der Gesetzgeber durch den Gleichheitssatz gebunden ist, ... sondern was wir inhaltlich unter der Bindung des Gesetzgebers durch den Gleichheitssatz zu verstehen haben“[370]).

Das Bundesverfassungsgericht hat bekanntlich den normativen Befehlsgehalt dieser Gleichheitsbindung in feststehender Rechtsprechung als Verbot umschrieben, an tatbestandlich gleichgelagerte Sachverhalte ohne zureichenden Grund, d. h. willkürlich, ungleiche Rechtsfolgen zu knüpfen[371]). Die rechtlichen Verhaltensanforderungen des Art. 3, Abs. 1 GG erschöpfen sich jedoch nicht in einem negativen Verbotsbefehl[372]), vielmehr kommt dem allgemeinen Gleichheitssatz

---

365) Vgl. Anschütz, S. 460 ff., und Leibholz, Gleichheit, S. 34 ff., S. 166 ff., S. 202 ff.

366) Vgl. dazu die Übersicht bei Pfeiffer, S. 68 ff.

367) So Böckenförde, S. 12 ff., Leibholz, Gleichheit, S. 238 ff., und v. Mangoldt-Klein, Art. 3 GG, III 4 a. A. A. Thoma, Ungleichheit, S. 457 ff. Einschränkend Ipsen, S. 150 ff., und Zeidler, W., S. 6. Hiergegen zutreffend bereits Böckenförde, S. 13 ff.

368) Ebenso v. Hippel, Verfassungsrecht, S. 397: „Indem nun die Gerechtigkeit verlangt, daß Gleiches gleich und Ungleiches ungleich behandelt werde, ergibt sich aus ihr zugleich ein Prinzip des ungeschriebenen Verfassungsrechts ...“

369) So auch Dürig, Gleichheit, S. 986, Hamann, Wirtschaftsverfassungsrecht, S. 92 d), und Wintrich, Eigenart, S. 237.

370) Leibholz, Gleichheit, S. 243.

371) So ständig seit BVerfGE, Bd. 1, S. 52 (Urt. v. 23. 10. 1951 — 2 BvG 1/51 = NJW, 1951, S. 877 f. Vgl. dazu auch Pfeiffer, S. 67 ff., und Hamann, Rechtsprechung, durchgehend.

372) Zur Rechtssatzqualität dieses Willkürverbots vgl. Böckenförde, S. 15 ff. und S. 77 ff., sowie Geiger, Gleichheitssatz, S. 168 ff.

verbietende und z u g l e i c h gebietende Doppelfunktion zu[373]), die theoretisch und praktisch nicht immer beachtet wird. Selbstverständlich enthält er keine in dem Sinne selbständige Gesetzgebungspflicht, die zum Erlaß einer gesetzlichen Regelung überhaupt zwingen und deren Unterlassung als solche bereits eine Verfassungswidrigkeit darstellen würde.

Eine Gleichheitsverletzung durch legislatorisches Unterlassen kommt — wie im folgenden darzulegen sein wird — immer erst in der Relation zu anderen Gesetzesnormen in Betracht[374]), zu deren Erlaß der Gesetzgeber entweder bereits von Verfassungs wegen verpflichtet ist (Abschnitt 1) oder die er im Rahmen seines allgemeinen verfassungsmäßigen Handlungszwanges „freiwillig" ins Leben ruft (Abschnitt 2). In beiden Fällen richtet sich die Verfassungsbeschwerde — wie in einer Zusammenfassung deutlich gemacht werden soll — nicht gegen das positive Gesetz, sondern gegen die hiervon unabhängige gesetzgeberische Unterlassung (Abschnitt 3).

1. Die unvollständige Erfüllung eines konkreten Gesetzgebungsauftrages als isolierter Anfechtungsgrund

Eine gleichheitswidrige Unterlassung des Gesetzgebers liegt einmal dann vor, wenn er einen nach Inhalt und Umfang im Grundgesetz nicht näher umschriebenen Gesetzgebungsauftrag der Verfassung erfüllt, dabei aber unter Verstoß gegen Art. 3, Abs. 1 GG einzelne Tatbestände oder Personengruppen von der gesetzlichen Regelung ausdrücklich ausschließt oder insoweit jegliche Regelung unterläßt. Aus dem allgemeinen Gleichheitssatz ist — sofern die speziellen Gleichheitsgrundrechte thematisch versagen[375]) — solchenfalls nicht nur der Umfang der vom Gesetz zu erfassenden Tatbestände zu entnehmen, sondern auch das selbständige Handlungsgebot, diese Tatbestände in einer der positiven Teilregelung entsprechenden Weise, notfalls durch Ergänzungsgesetz, zu normieren. Hierher gehört beispielsweise der Fall, daß der Gesetzgeber von einem durch Art. 33, Abs. 5 GG zwingend geforderten Besoldungsanpassungsgesetz bestimmte Beamtengruppen ausschließt. Denn zu den vom Gesetzgeber zu beachtenden „hergebrachten Grundsätzen des Berufsbeamtentums" zählt zwar — wie das Bundesverfassungsgericht zutreffend entschieden hat — die konkrete Pflicht, die bestehenden Besoldungs- und Versorgungsgesetze zu verbessern, wenn sie dem einzelnen Beamten infolge einer Veränderung der wirtschaftlichen Entwicklung einen angemessenen Lebens-

---

[373]) Ebenso Ipsen, S. 126: „Der GIS gebietet und verbietet"; vgl. auch S. 143. Widersprüchlich v. Mangoldt-Klein, Art. 3 GG, II 5.

[374]) Ebenso Lechner, Zulässigkeit, S. 1818 r.

[375]) Vgl. dazu Ipsen, S. 160, 2).

unterhalt nicht mehr garantieren[376]), allein welche Beamtenkategorien im einzelnen hierbei zu berücksichtigen sind, ergibt sich nicht aus Art. 33, Abs. 5 GG, sondern einzig aus dem Gebot gleicher Normierung gleichartiger Tatbestände.

Versäumt der Gesetzgeber, bestimmte Beamtengruppen in ein neues Besoldungsänderungsgesetz, durch das er den in Art. 33, Abs. 5 GG enthaltenen Verfassungsauftrag erfüllt, mit einzubeziehen, so beruht die Verfassungswidrigkeit dieser „relativen Unterlassung"[377]) primär auf einem Verstoß gegen das Gebot gleicher Rechtsetzung, der die Zulässigkeit einer hiergegen gerichteten Unterlassungsbeschwerde begründet.

Der irrigen Auffassung, eine solche Rüge, die sich dagegen wendet, daß der Gesetzgeber unter Verletzung des Gleichheitssatzes nur einzelnen Personengruppen Rechtsansprüche zuerkennt, richte sich nicht gegen ein Unterlassen, sondern in Wahrheit gegen die positive Teilregelung des erlassenen Gesetzes[378]), ist das Bundesverfassungsgericht in seinem Beschluß vom 20. 2. 1957 bereits überzeugend entgegengetreten[379]). Es führt dort aus, die auf Art. 3 GG gestützte Verfassungsbeschwerde könne zulässigerweise auch ein teilweises Unterlassen des Gesetzgebers rügen, wenn er einen ausdrücklichen Gesetzgebungsauftrag der Verfassung unrichtig auslege, demzufolge seiner Handlungspflicht nur unvollständig nachkomme und durch das Unterlassen einer erschöpfenden Regelung zugleich ein Grundrecht verletze[380]). Ob allerdings die vom Beschwerdeführer in dieser Entscheidung beanstandete Nichtaufnahme der ehemaligen Angehörigen des Roten Kreuzes in das Ausführungsgesetz zu Art. 131 GG vom 19. 8. 1953 auf einer Verletzung des Gleichheitssatzes beruhte, erscheint zumindest fraglich. Denn der Kreis der versorgungsberechtigten Personen ergab sich bereits ohne Rückgriff auf Art. 3, Abs. 1 GG aus der in Art. 131 GG selbst auch umfangmäßig fixierten Gesetzgebungspflicht („Personen im öffentlichen Dienst"). Eine Heranziehung des Gleichheitssatzes wurde vom Bundesverfassungsgericht offenbar auch nur deshalb für notwendig erachtet, weil sonst eine durch Unterlassen begangene Verletzung des Art. 131 GG allein im Wege der Verfassungsbeschwerde nicht hätte gerügt werden können (§ 90, Abs. 1 BVerfGG).

Immerhin gewinnt die genannte Entscheidung in diesem Zusammenhang dadurch überragende Bedeutung, daß sie nicht das Aus-

---

376) BVerfG, NJW, 1958, S. 1228 ff. (Beschl. v. 11. 6. 1958 — 1 BvR 1/52) = BVerfGE, Bd. 8, S. 1 ff.

377) So Wessel, S. 164.

378) So a. a. O., Pfeiffer, S. 12, 7), und Lechner, Kommentar, § 90 BVerfGG, 2 a). Hiergegen bereits Lechner, Zulässigkeit, S. 1818 r.

379) BVerfG, NJW, 1957, S. 584 l. (Beschl. v. 20. 2. 1957 — 1 BvR 441/53).

380) A. a. O. (V. S. 68).

führungsgesetz zu Art. 131 GG als solches, sondern seine „Lückenhaftigkeit" als selbständiges Angriffsobjekt der erhobenen Verfassungsbeschwerde behandelt. Denn nur die isolierte Anfechtbarkeit der unter dem Gesichtspunkt des Art. 3, Abs. 1 GG grundrechtswidrigen Unterlassung vermag der Beschwer desjenigen abzuhelfen, der sich zu Unrecht in einer begünstigenden Regelung übergangen fühlt. Denn diese Beschwer besteht nicht darin, daß der Gesetzgeber überhaupt gehandelt hat, sondern einzig und allein darin, daß er dem Gebot gleicher Rechtsetzung zuwider verabsäumt hat, die Begünstigung auch auf den Beschwerdeführer bzw. auf den durch ihn repräsentierten Personenkreis zu erstrecken.

Die verletzte Gleichheit könnte zudem nicht durch die Aufhebung der für nichtig erklärten Teilregelung wiederhergestellt werden, sondern ausschließlich durch ein die Verfassungswidrigkeit der gesetzgeberischen Unterlassung feststellendes Urteil, das Parlament und Regierung dazu zwingen würde, durch ergänzende Maßnahmen dem Gleichheitssatz Rechnung zu tragen[381]). Schließlich würde die verfassungsgerichtliche Kassation der positiven Teilregelung, durch die der Gesetzgeber eine konkrete Rechtsetzungspflicht erfüllt, zu einem größeren Verfassungsunrecht führen als das lückenhaft erlassene Gesetz ohnehin schon darstellt. Es verdient deshalb volle Zustimmung, wenn das Bundesverfassungsgericht die Nichtigerklärung eines bestehenden Besoldungsgesetzes, das den Mindestanforderungen eines angemessenen Unterhalts nicht mehr gerecht wird, mit der Begründung abgelehnt hat, eine solche Entscheidung führe einen Zustand herbei, welcher der verfassungsmäßigen Ordnung noch weniger entsprechen würde, weil Art. 33, Abs. 5 GG verlange, daß generelle gesetzliche Besoldungsregelungen überhaupt vorhanden seien[382]).

Die Ansicht, der Gleichheitssatz sei nicht durch Untätigkeit, sondern durch das positive, wenn auch lückenhafte Gesetz verletzt, wenn der Gesetzgeber bestimmte Personengruppen in einer begünstigenden Regelung übergehe, beruht im Grunde auf der irrigen Annahme, Art. 3, Abs. 1 GG normiere ausschließlich eine einheitliche Verbotsnorm, die als solche allerdings nur durch tätiges Handeln verletzt werden könnte. Im Gegensatz zu den oben behandelten reinen Ermächtigungsnormen[383]) regelt er jedoch mit dem Verbot unsachgemäßer Differenzierung nicht nur den Inhalt positiver Gesetzesbestimmungen, sondern entfaltet daneben auch eine hiervon durchaus unabhängige Gebotswirkung, deren Selbständigkeit nicht dadurch aufgehoben wird, daß eine Gleichheitsverletzung immer nur im Wege eines Vergleiches der relativen Unterlassung mit der positiven Teil-

[381]) Vgl. dazu a. a. O., S. 584 r.

[382]) BVerfG, NJW, 1958, S. 1230 r. (Beschl. v. 11. 6. 1958 — 1 BvR 1/52).

[383]) Vgl. o. S. 57 f.

regelung festgestellt werden kann. Denn dieser Zusammenhang zwischen Tun und Unterlassen[384]) ist nicht in dem Sinne untrennbar, daß die in sich ungleiche Gesetzesmaßnahme Sinn und Rechtfertigung verlöre und deshalb in ihrem eigenen Bestand angegriffen wäre, wenn sie nicht g l e i c h z e i t i g auch auf die zunächst ausgeschlossenen Tatbestände ausgedehnt würde[385]).

Hierin besteht gerade der wesentliche Unterschied zwischen einem Enteignungsgesetz etwa, das entgegen der Verbotsnorm des Art. 14, Abs. 2, S. 2 GG die Regelung einer angemessenen Entschädigung „unterläßt" und einem Besoldungsgesetz, das dem Gebotsbefehl des Art. 3, Abs. 1 GG zuwider nur unmittelbaren Bundesbeamten höhere Bezüge gewährt, dagegen mittelbaren Bundesbeamten diese Gehaltsverbesserung vorenthält. Während im ersteren Falle nämlich die „Unterlassung" den Bestand des g a n z e n Gesetzes in Frage stellt (keine Enteignung ohne Enteignungsentschädigung) und eine Verfassungsbeschwerde demzufolge gegen die Gesamtregelung zu richten wäre, läßt die Nichtberücksichtigung bestimmter Beamtenkategorien die Privilegierung anderer Gruppen noch durchaus sinnvoll erscheinen.

Mit Recht führt das Bundesverfassungsgericht hierzu aus, die Annahme, ein solcher Verstoß des Gesetzgebers gegen Art. 3 GG müsse zur Nichtigkeit der positiven Teilregelung führen, die Verfassungsbeschwerde sei also hiergegen — nämlich gegen die den Gleichheitssatz verletzende Begünstigung einer bestimmten Personengruppe zu richten — sei jedenfalls dann nicht gerechtfertigt, wenn der Verfassungsauftrag nicht nur eine Regelung überhaupt vorschreibe, sondern wegen des Umfanges der zu regelnden Materie nicht ein einheitliches Gesetz verlange, sondern sinngemäß zeitlich aufeinander folgende Teilregelungen zulasse[386]). Unter dem Gesichtspunkt des Art. 3 GG seien also solche Teilregelungen zwar als ergänzungsbedürftig, bis zu einer möglichen Ergänzung jedoch nicht als rechtsunwirksam zu behandeln[387]). Aber auch dort, wo die Verfassung ein einheitliches und endgültiges Gesetz fordert, ohne den von ihm zu erfassenden Personenkreis abschließend zu bestimmen, wäre eine im Hinblick auf Art. 3, Abs. 1 GG lückenhafte Normierung trotz des Verbots von Einzelfallgesetzen (Art. 19, Abs. 1 GG) einer späteren

384) Vgl. Lechner, Zulässigkeit, S. 1818 r.: „... handelt es sich nur um einen Zusammenhang im gesetzgeberischen Motiv ..."

385) So auch a. a. O.: „Die erlassene Norm müßte schon ohne die korrespondierende Norm nicht bestehen können, damit eine gegen die Lücke gerichtete Rüge notwendigerweise auch die erlassene Norm erfassen würde. Ein solcher logischer Zusammenhang wird sich aber schwerlich jemals nachweisen lassen."

386) BVerfG, NJW, 1957, S. 584 r. (Beschl. v. 20. 2. 1957 — 1 BvR 441/53). Vgl. hierzu auch Geiger, Gleichheitssatz, S. 175.

387) BVerfG, a. a. O.

Ergänzung durch ein Nachtragsgesetz durchaus fähig[388]). Denn der Gleichheitssatz gebietet nicht die Vollständigkeit einer gesetzlichen Regelung in dem Sinne, daß sie bei Vermeidung ihrer Gesamtnichtigkeit von vornherein alle gleichartigen Tatbestände erfassen müßte, sondern läßt ganz allgemein eine stufenweise Verwirklichung des Gebots gleicher Rechtsetzung zu[389]).

Daraus folgt einmal, daß in aller Regel die bereits erlassenen Normen auch ohne die durch Art. 3, Abs. 1 GG geforderten Vergleichsnormen Bestand haben können und zum anderen, daß sich die Verfassungsbeschwerde ausschließlich gegen eine echte Unterlassung richtet, wenn sie geltend macht, der Gesetzgeber verletze den Gleichheitssatz, wenn er es verabsäume, die zunächst übergangenen Tatbestände in die vorhandene Teilregelung einzubeziehen[390]).

2. Das Gebot gleicher Rechtsetzung im Bereich des freien legislatorischen Handlungsermessens

Die isolierte Anfechtung einer gleichheitswidrigen Unterlassung ist nicht nur in den bisher erörterten Fällen zulässig, in denen der Gesetzgeber eine ihm aus der Verfassung obliegende konkrete Handlungspflicht nur unvollständig erfüllt, sie kommt vor allem dann in Betracht, wenn er sich in Ausübung seiner Ermessensfreiheit zu legislatorischen Maßnahmen entschließt, die jedoch ebenfalls eine gegen Art. 3 GG verstoßende Bevorzugung einzelner Gruppen enthalten. Der Gesetzgeber ist solchenfalls verfassungsgesetzlich zwar nicht verpflichtet, überhaupt tätig zu werden, entscheidet er sich aber zur Regelung bestimmter Lebensgebiete, so gebietet der Gleichheitssatz auch hier, solche Tatbestände, die den bereits normierten im wesentlichen gleichen, bei der Gesamtregelung nicht unberücksichtigt zu lassen. Insoweit entfaltet Art. 3, Abs. 1 GG im Verhältnis zur Legislative eine Art normativer Kraft des Faktischen, die aus dem vorangegangenen, an sich frei gewählten Handeln entspringt und mit der aus dem Verwaltungsrecht her bekannten Selbstbindung des behördlichen Ermessens[391]) durchaus vergleichbar ist.

---

388) So auch BVerfGE, Bd. 7, S. 151 (Beschl. v. 16. 10. 1957 — 1 BvL 13 u. 46/56) = NJW, 1957, S. 1758 r.: „Ein Gesetz für den Einzelfall im Sinne von Art. 19, Abs. 1 GG liegt nicht vor, wenn der Gesetzgeber sich anläßlich eines Einzelfalles nur bewußt wird, daß die von ihm früher getroffene Regelung eine Lücke aufweist, die auszufüllen ist."

389) Ebenso BGHZ, Bd. 15, S. 118 (Urt. v. 22. 10. 1954 — I ZR 226/53) = NJW, 1955, S. 105 l.

390) So auch Lechner, a. a. O.

391) Vgl. dazu Krüger, Hildeg., Gleichbehandlungsgrundsatz, S. 209 ff., Bachof, Vornahmeklage, S. 73 f., sowie Forsthoff, Lehrbuch I, S. 85: „Die Ermessensbetätigung steht insbesondere unter der Herrschaft des Gleichheitssatzes. Dieser verleiht der Ermessensbetätigung in gleichliegenden Fällen eine normative Kraft im Sinne der behördlichen Selbstbindung." Vgl. auch Ipsen, S. 148 f.

Eine überragende Bedeutung gewinnt das Gebot gleicher Rechtsetzung als Garantie der Gruppengleichheit[392]) insbesondere bei der Regelung von Rechtsansprüchen im Bereich der sog. gewährenden Verwaltung. Hier offenbart sich anschaulich der Wandel oder besser die Erweiterung der verfassungspolitischen Funktion, die der Gleichheitssatz im Zeichen des sozialen Fürsorgestaates erfahren hat[393]). Denn er wirkt nicht mehr rein negativ (defensiv) im Sinne eines Verbots ungleichmäßiger Lastenverteilung durch die Gemeinschaft gegenüber ihren Gliedern, sondern darüber hinaus auch positiv als „Gebot gleicher Teilhabe"[394]) an den sozialen Gütern der staatlichen Daseinsvorsorge, d. h. als Gebot gleicher Zuteilung[395]). Dieser Doppelfunktion von Freiheit und Teilhabe entspricht rechtstechnisch sein zweifacher Befehlsgehalt von Verbot und Gebot.

Gleichviel, ob der Gesetzgeber nach seinem Ermessen Altershilfe für Landwirte, Subventionen für einzelne notleidende Wirtschaftszweige[396]), Kindergeld für bestimmte kinderreiche Familien gewährt oder sonstige Förderungs- und Unterstützungsmaßnahmen für gewisse Berufs- und Wirtschaftsgruppen beschließt (Steuererleichterungen), stets wird die Behauptung, er habe durch die Abgrenzung des begünstigten Personenkreises gegen den allgemeinen Gleichheitssatz verstoßen, zur Zulässigkeit der Verfassungsbeschwerde führen müssen[397]). Ihr Gegenstand beschränkt sich entsprechend der Beschwer des Betroffenen auch hier allein auf die vom Bestand der positiven Teilregelung unabhängige, „relative" Unterlassung, wenn der Beschwerdeführer die Erstreckung der erlassenen Privilegierungsnormen auf den von ihm repräsentierten Personenkreis erstrebt.

Dies gilt selbst dann, wenn der Gesetzgeber einzelne Gruppen aus einer die übrigen Angehörigen der Gesamtgruppe begünstigenden Regelung durch eine negative Ausschlußklausel („gilt nicht für ..." oder „mit Ausnahme von ...") a u s d r ü c k l i c h ausgenommen hat. Denn als objektiv rechtswidrige Unterlassung gilt im Verfassungsrecht ebenso wie im Verwaltungsrecht (vgl. § 42 VwGO) nicht nur

---

392) Vgl. dazu Hamann, Kommentar, Art. 3 GG, C 1, mit weiteren Nachweisen.

393) Vgl. o. S. 28.

394) Hesse, S. 181.

395) Vgl. dazu a. a. O., S. 180 ff., S. 219 f., Kern, S. 91 ff., sowie Ipsen, S. 160, Fußnote 171.

396) Vgl. zur Bedeutung des Art. 3 GG in der Wirtschaftsgesetzgebung Huber, Wirtschaftsverfassungsrecht, S. 173 ff. Zur Bindung des Gesetzgebers an den Gleichheitssatz bei der Gewährung von Subventionen eingehend v. Münch, durchgehend.

397) So auch Lechner, Zulässigkeit, S. 1818 r.: „... wird eine Verfassungsbeschwerde gegen eine relative Unterlassung, auch wenn man sie als isolierbares rechtliches Phänomen behandelt, bei Fehlen anderer prozessualer Mängel stets bis zur materiellrechtlichen Prüfung führen und nicht schon im Prozessualen aufgefangen werden können."

die Nichtvornahme einer gebotenen Handlung, sondern daneben auch ihre ausdrückliche Ablehnung.

Wenn der Beschwerdeführer in dem der Entscheidung des Bundesverfassungsgerichts vom 21. 2. 1957 zugrundeliegenden Sachverhalt beantragte, die einschränkende Bestimmung einer Verordnung, die nur bestimmten politischen Parteien Steuervergünstigungen gewährte, für nichtig zu erklären[398]), so richtete sich die Verfassungsbeschwerde der Sache nach auch hier nicht gegen den positiven Weigerungsakt als solchen, sondern gegen eine legislatorische Unterlassung, nämlich gegen die unterlassene Gleichstellung aller Parteien. Diese Tatsache wird nur dadurch verdunkelt, daß in dieser Entscheidung das Bundesverfassungsgericht der Grundrechtsbeschwer der betroffenen Klägerin ausnahmsweise bereits durch die Aufhebung eines einschränkenden Relativsatzes abhelfen durfte, so daß der bestehenbleibende Gesetzestext nunmehr sämtliche Parteien umfaßte.

In aller Regel aber ist das Verfassungsgericht, wenn das dem Art. 3 GG entsprechende Ergebnis nicht schon im Wege einer verfassungskonformen Anwendung des geltenden Rechts zu erreichen ist[399]), ohne Eingriff in den Funktionsbereich der Gesetzgebung nicht befugt, Teile gesetzlicher Bestimmungen für nichtig zu erklären, um dadurch privilegierende Gesetzesnormen auf die zunächst ausgeschlossenen Personengruppen zu erstrecken[400]). Eine hierauf abzielende Verfassungsbeschwerde müßte deshalb — sofern sie nicht in ein die Gleichheitswidrigkeit der gesetzgeberischen Unterlassung feststellendes Begehren umgedeutet werden kann — grundsätzlich als unzulässig verworfen werden.

Das Bundesverfassungsgericht hat denn auch in einem späteren Vorlagebeschluß gemäß Art. 100 GG den seiner Entscheidung vom 21. 2. 1957 zugrundeliegenden Fall als einen besonders gelagerten Sachverhalt bezeichnet und die Möglichkeit, einen Teil einer Gesetzesbestimmung als verfassungswidrig aufzuheben, nur dann für zulässig erklärt, wenn mit Sicherheit angenommen werden könne, daß der Gesetzgeber bei Beachtung des Art. 3 GG die verbleibende Fassung gewählt, also das Gesetz auf alle nach Art. 3 GG zu berücksichtigenden Gruppen unverändert erstreckt haben würde[401]). Grundsätzlich aber

---

398) BVerfGE, Bd. 6, S. 273 ff. (Beschl. v. 21. 2. 1957 — 1 BvR 241/56) = NJW, 1957, S. 665 f.

399) Vgl. als Schulbeispiel hierzu die Entscheidung BVerfGE, Bd. 2, S. 340 f. (Beschl. v. 17. 6. 1953 — 1 BvR 668/52) = NJW, 1953, S. 1097.

400) So bereits BVerfG, NJW, 1959, S. 892 l. (Beschl. v. 14. 4. 1959 — 1 BvL 19 u. 21/58): „Das Bundesverfassungsgericht würde unzulässigerweise in die Entschließungsfreiheit des Gesetzgebers eingreifen, wenn es eine Einschränkung einer Begünstigungsnorm aufheben und damit den Kreis der begünstigten Personen erweitern würde."

401) BVerfG, NJW, 1958, S. 1228 l. (Beschl. v. 11. 6. 1958 — 1 BvL 149/52).

könne das Bundesverfassungsgericht die Gleichheit nicht dadurch wiederherstellen, daß es selbst an Stelle des Gesetzgebers einen neuen Gesetzeswortlaut festlege, der auch die nicht berücksichtigten Personengruppen mit erfasse. Denn der Gesetzgeber habe möglicherweise von jeder gesetzlichen Regelung abgesehen, wenn er bei Ausübung seines Ermessens die Tragweite des Art. 3 GG erkannt hätte. Eine auf Art. 3 GG gestützte Entscheidung müsse die Gestaltungsfreiheit des Gesetzgebers nach Möglichkeit wahren. Verstoße ein Gesetz durch Begünstigung bestimmter Personengruppen gegen Art. 3 GG, so könne das Bundesverfassungsgericht entweder die begünstigende Vorschrift für nichtig erklären oder feststellen, daß die Nichtberücksichtigung bestimmter Gruppen — also das Unterlassen des Gesetzgebers — verfassungswidrig sei. In beiden Fällen könne der Gesetzgeber darüber befinden, in welcher Weise er durch eine Neuregelung dem Gleichheitssatz Rechnung zu tragen habe[402]).

Wenn das Gericht hier neben dem Feststellungsausspruch die Möglichkeit einer Kassation der gesamten Privilegierungsnorm in Erwägung zieht, so darf dies nicht zu der Annahme verleiten, Angriffsobjekt der Verfassungsbeschwerde sowie Gegenstand der verfassungsgerichtlichen Prüfung sei allein die Gültigkeit dieser Sondernorm. In Wahrheit besagt die vom Bundesverfassungsgericht für sich in Anspruch genommene Befugnis, eine begünstigende Vorschrift insgesamt oder aber auch nur ihren einschränkenden Teilinhalt für nichtig zu erklären, nichts über den *Beschwerdegrund* einer Klage aus, die sich gegen den Ausschluß bestimmter Personengruppen in einer „gewährenden" Gesetzesregelung wendet. Sie umschreibt vielmehr einzig und allein den möglichen und zulässigen Inhalt der auf eine solche Rüge hin ergehenden verfassungsgerichtlichen Entscheidung. Der Beurteilungsgegenstand dieser Entscheidung erschöpft sich, der Beschwer des Betroffenen entsprechend, ausschließlich in der Frage, ob die in der Nichtgleichbehandlung anderer, gleichartiger Verhältnisse liegende legislatorische Unterlassung durch sachliche Unterschiedlichkeiten der zu ordnenden Lebensverhältnisse gerechtfertigt ist oder nicht. Wird diese Frage bejaht, so steht es im freien, wenn auch pflichtgebundenen Ermessen des Bundesverfassungsgerichts, ob es den Gesetzgeber durch Feststellung der Gleichheitswidrigkeit seiner teilweisen Unterlassung zu einer Ergänzungsregelung zwingen oder aber der Behauptung einer gesetzlichen Ungleichbehandlung durch Aufhebung der *gesamten* Begünstigungsnorm den Boden entziehen will. Die letztere Möglichkeit ist hier deshalb unbedenklich, weil sie im Gegensatz zur Kassation nur des einschränkenden Teils einer Privilegierungsnorm nicht zu einer Erweiterung des begünstig-

---

402) A. a. O. Zustimmend BFH, NJW, 1960, S. 711. (Urt. v. 28. 8. 1959 — VI 111/58 U).

ten Personenkreises führt[403]), sondern die verletzte Gleichheit negativ dadurch wiederherstellt, daß den einen diejenigen Wohltaten entzogen werden, die der Gesetzgeber den anderen unzulässigerweise vorenthalten hat. Sie ergibt sich zum Unterschied von den zuvor erörterten Fällen, in denen der Gesetzgeber ein konkretes Rechtsetzungsgebot der Verfassung nur unvollständig erfüllt, auch daraus, daß das Bundesverfassungsgericht hier nicht verpflichtet ist, eine ergänzungsbedürftige Teilregelung bis zu ihrer Ergänzung als rechtswirksam zu behandeln, weil die Legislative außerhalb bestimmter Gesetzgebungsaufträge frei darüber entscheiden kann, ob und wann sie für bestimmte Lebensbereiche begünstigende Gesetzesregelungen erlassen will.

Allein einer Verfassungsbeschwerde, die von vornherein erklärtermaßen nur die Aufhebung einer Privilegierungsnorm mit der Begründung beantragen wollte, sie sei nicht auf andere, gleiche Verhältnisse ausgedehnt worden und müsse deshalb wegen Verstoßes gegen Art. 3 GG für nichtig erklärt werden, fehlte das erforderliche Rechtsschutzinteresse[404]), so daß sie als unzulässig verworfen werden müßte. Denn nach Feststellung der Nichtigkeit der zur Prüfung gestellten Gesetzesnorm wäre der Gesetzgeber nicht zum Erlaß einer neuen Regelung verpflichtet, die nunmehr alle nach Art. 3 GG zu berücksichtigenden Personen zu erfassen hätte. Gerade hierauf aber ist das Rechtsschutzinteresse des Klägers gerichtet, der nicht durch die Begünstigung anderer Gruppen beschwert ist, sondern durch seine, vom Gesetzgeber unterlassene Gleichbehandlung. Der Besonderheit dieser Beschwer kann deshalb nur eine Ungleichheitsrüge abhelfen, die weder gegen die Begünstigungsnorm noch gegen ihren einschränkenden Teilinhalt gerichtet ist, sondern allein gegen die im Verhältnis zur Vergleichsnorm relative Unterlassung. Denn nur in diesem Falle besteht die Möglichkeit, daß das Bundesverfassungsgericht den Gesetzgeber durch Feststellung der Gleichheitswidrigkeit dieser Unterlassung zum Erlaß einer Ergänzungsregelung zwingt. Auf d i e s e r stets gegebenen M ö g l i c h k e i t beruht allein das Rechtsschutzinteresse einer auf Art. 3, Abs. 1 GG gestützten Unterlassungsbeschwerde[405]).

---

403) Vgl. hierzu BVerfG, NJW, 1959, S. 982 l. (Beschl. v. 14. 4. 1959 — 1 BvL 19 u. 21/58): „Eine solche Entscheidung kann vom BVerfG nicht getroffen werden, weil es hierdurch die Grenzen der rechtsprechenden Gewalt überschreiten und sich an die Stelle des Gesetzgebers setzen würde."

404) Vgl. dazu Pfeiffer, S. 28, mit weiteren Nachweisen.

405) Vgl. zum Gleichheitsverstoß einer belastenden Vorschrift BVerfGE, Bd. 9, S. 338 ff. (Urt. v. 16. 6. 1959 — 1 BvR 71/51) = NJW, 1959, S. 1579, Leitsatz b): „Wird mit einer Verfassungsbeschwerde geltend gemacht, daß eine belastende Norm den Gleichheitssatz verletze, weil sie nicht auf andere, gleiche Verhältnisse ausgedehnt worden sei, so fehlt ihr das Rechtsschutzinteresse dann nicht, wenn die Möglichkeit besteht, daß die Gleich-

Mit Recht hat deshalb der Bundesfinanzhof auf eine Klage hin, die einen Gleichheitsverstoß darin erblickte, daß der Gesetzgeber für das Kindergeld nach dem Kindergeldgesetz Steuerfreiheit gewährte, ohne sie auch für die Kindergeldzuschläge nach dem Beamtenbesoldungsrecht einzuführen, entschieden, die Gerichte könnten allenfalls diesen Mangel feststellen und dem Gesetzgeber nahelegen, eine dem Gleichheitsgrundsatz entsprechende Regelung zu schaffen[406]). Wenn man dem Beschwerdeführer darin folgen wolle, daß der Gleichheitsgrundsatz verletzt sei, so sei jedenfalls keine der vorhandenen steuerlichen Bestimmungen nichtig. Nichtig könne nur die Vorschrift sein, die das Kindergeld von der Einkommensteuer befreit habe. Werde aber die Nichtigkeit dieser Vorschrift festgestellt, so sei damit dem Beschwerdeführer nicht gedient; denn der Gesetzgeber sei nicht verpflichtet, eine entsprechende steuergesetzliche Regelung zu schaffen. Insofern fehle für das Begehren des Beschwerdeführers letztlich das Rechtsschutzinteresse[407]).

3. Zusammenfassung

Das Ergebnis vorstehender Ausführungen läßt sich für beide unter 1) und 2) erörterten Fallgruppen wie folgt zusammenfassen:

Wird mit Hilfe der Verfassungsbeschwerde geltend gemacht, der Gesetzgeber habe in einem Gesetz bei der Zuerkennung von Rechtsansprüchen unter Verstoß gegen Art. 3 GG bestimmte Personengruppen übergangen, so rügt der Beschwerdeführer damit ein von der positiven Teilregelung unabhängiges legislatorisches Unterlassen. Eine Unterlassungsrüge ist zulässig, weil der Gleichheitssatz eine konkrete Gebotsnorm enthält, die als solche durch negatives Verhalten verletzt werden kann. Die isolierte Anfechtbarkeit der unterlassenen Gleichbehandlung folgt aus der Selbständigkeit dieses Gebotsbefehls gegenüber dem ebenfalls in Art. 3 GG enthaltenen Verbot sachfremder Differenzierung, das nur den Inhalt etwaiger Gesetze regelt. Angriffs- und Prüfungsobjekt ist in allen Fällen nicht das positive Gesetz, d. h. die einzelne Begünstigungsnorm oder ihr einschränkender Teilinhalt, sondern allein die trotz ihrer Relation zu diesem Gesetz selbständige Unterlassung des Gesetzgebers.

Dies bedeutet, daß das Bundesverfassungsgericht tatsächlich prüfen muß, ob die Legislative es zu Unrecht verabsäumt hat, die betreffende Regelung auch auf den vom Beschwerdeführer repräsentierten Personenkreis zu erstrecken[408]). Darüber, welche Elemente der zu ord-

---

heit verfassungsrechtlich eindeutig durch Nichtigkeit der belastenden Regelung herbeizuführen wäre."

406) BFH, NJW, 1960, S. 72 l. (Urt. v. 28. 8. 1959 — VI 111/58 U).

407) A. a. O.

408) So bereits Lechner, Zulässigkeit, S. 1819 l.

nenden Lebensverhältnisse sie ohne Überschreitung ihrer Ermessensgrenzen als gleich behandeln muß und welche sie als verschieden behandeln darf[409]), ist nicht prozessual, sondern allein materiell zu entscheiden. Beruht nach Auffassung des Bundesverfassungsgerichts die in der Nichtberücksichtigung einzelner Gruppen liegende Differenzierung auf einem sachgerechten Unterscheidungsmerkmal[410]), so wird die erhobene Unterlassungsrüge damit nicht unzulässig, wohl aber unbegründet[411]).

Wenn das Bundesverfassungsgericht in feststehender Rechtsprechung eine Verletzung des Gleichheitssatzes durch den Gesetzgeber nur daraufhin überprüft, ob er die „äußersten Grenzen seines Ermessensbereiches überschritten, nicht aber, ob er im einzelnen die zweckmäßigste, vernünftigste oder gerechteste Lösung gefunden hat“[412]), so umschreibt es damit weder den Umfang der an sich weiterreichenden gesetzgeberischen Gleichheitsbindung[413]), noch die Zulässigkeitsvoraussetzung einer Unterlassungsbeschwerde, sondern allein das Ausmaß seiner materiellen Prüfungsbefugnis[414]). Es ist daher in diesem Zusammenhang nicht notwendig, auf die Einwendungen einzugehen, die gegen diese Ermessenslehre in der Literatur vereinzelt erhoben worden sind[415]). Von der Zielsetzung der vorliegenden Untersuchung her genügt der erbrachte Nachweis, daß die schlüssige Behauptung, die unterlassene Gleichbehandlung gleichartiger Personengruppen sei unter dem Gesichtspunkt des Art. 3, Abs. 1 GG ermessensfehlerhaft, stets die Zulässigkeit einer Untätigkeitsklage begründet.

V. Art. 6, Abs. 5 GG als Grundlage einer Unterlassungsbeschwerde gegenüber der Gesetzgebung

In inhaltsgleichem Wortlaut mit Art. 121 der Weimarer Reichsverfassung hat der Verfassungsgeber des Bonner Grundgesetzes in Art. 6, Abs. 5 GG angeordnet, daß den unehelichen Kindern durch die Gesetzgebung die gleichen Bedingungen für ihre leibliche, seelische

---

[409]) Vgl. dazu Geiger, Gleichheitssatz, S. 171 f., Küchenhoff, S. 283 ff., und Dürig, Gleichheit, S. 983 ff.

[410]) Zur Frage, ob das Kriterium der Sachgerechtheit einen hinreichend bestimmten und justiziablen Prüfungsmaßstab hergibt, vgl. Fuss, durchgehend, und Geiger, S. 168 ff.

[411]) Ebenso Lechner, Zulässigkeit, S. 1819 l.

[412]) BVerfGE, Bd. 3, S. 184 (Urt. v. 17. 12. 1953 — 1 BvR 323/51) = NJW, 1954, S. 27, Leitsatz 4. Vgl. hierzu auch Pfeiffer, S. 68, mit weiteren Nachweisen.

[413]) So aber offensichtlich Hamann, Ermessensfreiheit, durchgehend.

[414]) Ebenso Forsthoff, Maßnahmegesetze, S. 232 ff., und Böckenförde, S. 28.

[415]) Vgl. Hamann, a. a. O., sowie Hamann, Kommentar, Einf. I D 8. Hiergegen bereits Maunz-Dürig, Art. 1, Abs. 3 GG, Randnr. 105, Fußnote 1.

und gesellschaftliche Entwicklung zu schaffen seien wie den ehelichen Kindern.

Wenn diese Bestimmung das Schicksal des Art. 121 WV[416]) teilen mußte und zehn Jahre nach Inkrafttreten des Grundgesetzes trotz seiner erkennbaren und zudem allgemein anerkannten Tendenz nach „optimaler Rechtsnormativität"[417]) bis heute unerfüllter und deshalb toter Buchstabe geblieben ist, so verdankt sie dies der überkommenen, in sich verfehlten Auffassung, die alle Verfassungssätze in den Bereich politischer Deklamationen und rechtlich bedeutungsloser Programme verweist, die sich mit konkreten Handlungsgeboten an die Gesetzgebung wenden[418]). Sie verdankt ihr bisheriges Dornröschendasein daneben aber auch der Unzulänglichkeit des bislang auf die Anfechtung positiver Rechtsetzungsakte beschränkten verfassungsgerichtlichen Rechtsschutzes, aus dem sie nur durch eine Aufwertung der in ihr enthaltenen gesetzgeberischen Bindung sowie durch eine Erweiterung des gegenüber Grundrechtsverletzungen des Gesetzgebers herkömmlich gewährten Justizschutzes erlöst werden kann.

Diesen Weg wollen die nachfolgenden Ausführungen im einzelnen aufzeigen, indem sie von der herrschenden Deutung der Art. 6, Abs. 5 GG sowie von der herkömmlichen Unterscheidung zwischen Programm und aktuellem Recht ausgehend die Unhaltbarkeit dieser Unterscheidung zunächst im allgemeinen und sodann hinsichtlich des Art. 6, Abs. 5 GG im besonderen nachzuweisen suchen.

1. Die herrschende Interpretation des Art. 6, Abs. 5 GG

Seitdem der Oberste Gerichtshof für die Britische Zone im Jahre 1949 den Art. 6, Abs. 5 GG als Richtlinie für den Gesetzgeber bezeichnete, der kein unmittelbar geltendes Recht enthalte[419]), haben Theorie und Praxis in der Folgezeit an dieser abwertenden Qualifizierung überwiegend festgehalten[420]) und damit ohne Grund eine in sich klar und unzweideutig gefaßte Bestimmung aus dem praktischen Rechtsleben verdrängt. Wie wenig ernst ihr normativer Gebotsgehalt für die allein in Pflicht genommene Legislative genommen wurde, deuten die immer wiederkehrenden Wendungen an, mit denen die objektiv-rechtliche Verpflichtungswirkung des Art. 6, Abs. 5 GG eher verdunkelt denn erhellt worden ist. So ist denn bald von einer „Anweisung an

---

416) Vgl. dazu Anschütz, S. 496 f.
417) Dürig, Verfassung, S. 193 l.
418) Vgl. dazu u. S. 86 ff.
419) OGH, Bd. 2, S. 135 f. (Urt. v. 24. 6. 1949 — II b Z S 78/48).
420) Vgl. etwa v. Mangoldt-Klein, Art. 6 GG, VI, 1 sowie Hamann, Kommentar, Art. 6 GG, 8: „... enthält Art. 6, Abs. 5 nach einhelliger Auffassung nur ein Programm ...".

den Gesetzgeber" die Rede[421]), bald von einer „rechtlich bindenden Richtlinie (Programmsatz)"[422]), von einem „Appell an den Gesetzgeber"[423]) oder von einer Direktive für die künftige Gesetzgebung[424]). Alle diese höchst mißverständlichen Formulierungen gehen offensichtlich von der Annahme aus, daß die „direktive" Wirkung des Art. 6, Abs. 5 GG dem Gesetzgeber den Erlaß eines Gleichstellungsgesetzes selbst frei stelle und ihn durch das Verbot, den unehelichen Kindern gegenüber den ehelichen keine ungleichen Bedingungen zu schaffen, allenfalls hinsichtlich des „Wie" eines etwaigen Anpassungsgesetzes zu binden vermag.

Von dem Mangel einer verfassungsrechtlichen Bindung der gesetzgeberischen Initiative überzeugt oder zumindest in Unkenntnis über die Bedeutung der Verfassungsbeschwerde als Rechtsbehelf gegenüber grundrechtswidrigen Unterlassungen des Gesetzgebers[425]), sahen sich Rechtsprechung und Lehre bislang genötigt, dem Art. 6, Abs. 5 GG wenigstens für die gesetzanwendenden Gewalten objektivrechtliche Wirksamkeit abzugewinnen. So hat das Bundesverfassungsgericht jener Bestimmung den Rang einer verfassungsrechtlichen Wertentscheidung zuerkannt, die Gerichte und Verwaltung im Rahmen der geltenden Gesetze bei der Ausübung des Ermessens binde[426]), nachdem sie bereits vorher als Auslegungsgrundsatz bei der Anwendung des geltenden Rechts herangezogen worden ist[427]). Da aber sowohl die interpretatorische Funktion des Art. 6, Abs. 5 GG als auch seine Bedeutung als Wertmaßstab in den wenigsten Fällen ausreicht, das bisherige Unehelichenrecht durch verfassungskonforme Auslegung ohne Eingreifen des Gesetzgebers im Sinne des Grundgesetzes umfassend zu reformieren, ist im Schrifttum weitergehend behauptet worden, Art. 6, Abs. 5 GG sei nach Ablauf der für den Erlaß eines Gleichstellungsgesetzes als angemessen anzusehenden Frist von fünf Jahren, also seit dem Herbst 1954, zu einer für Verwaltung und Rechtsprechung unmittelbar vollziehbaren Norm geworden[428]). Sie habe mit derogatorischer Wirkung das geltende Unehelichenrecht still-

---

[421]) So BSG, NJW, 1959, S. 2039 l. (Urt. v. 23. 7. 1959 — 3 RJ 224/58), Bachof, Besprechung, S. 399, und Brunner, S. 43.

[422]) So v. Mangoldt-Klein, Art. 6 GG, VI, 1.

[423]) Brunner, S. 44.

[424]) So BAG, NJW, 1957, S. 805 r. (Urt. v. 7. 12. 1956 — 1 AZR 431/55).

[425]) So Krüger, Hildeg., Programmsatz, S. 357 ff., und Maunz, Staatsrecht, S. 83: „Welches rechtliche Verfahren wäre aber einzuschlagen, durch das der Gesetzgeber zur Erfüllung dieser seiner Verpflichtung gezwungen werden könnte?"

[426]) BVerfG, NJW, 1958, S. 2060 l. (Beschl. v. 23. 10. 1958 — 1 BvL 45/56).

[427]) Vgl. dazu die bei Krüger, Hildeg., Programmsatz, S. 356 f. angeführten Nachweise.

[428]) So a. a. O., S. 358.

schweigend außer Kraft gesetzt, an dessen Stelle nunmehr das dem Art. 6, Abs. 5 GG entsprechende Recht getreten sei[429]).

Die Annahme eines stillschweigenden Außerkrafttretens der bestehenden Unehelichengesetze infolge eines Strukturwandels des Art. 6, Abs. 5 GG ist indes mit Art. 100 GG gänzlich unvereinbar. Kein Gericht wäre — was offensichtlich übersehen worden ist — hiernach aus eigener Zuständigkeit befugt, einer die Rechtsstellung des unehelichen Kindes betreffenden Bestimmung die Anwendung zu versagen und an ihrer Stelle einen dem Willen des Verfassungsgebers entsprechenden Rechtssatz zu entwickeln[430]). Es müßte vielmehr, wenn es dem Art. 6, Abs. 5 GG umgestaltende (derogative) Kraft gegenüber dem ihm entgegenstehenden Recht beimessen wollte, das Verfahren gemäß Art. 100 GG aussetzen und die Entscheidung des Bundesverfassungsgerichts hierüber einholen. Denn diesem allein ist die Befugnis vorbehalten, die sich aus der Säumnis des Gesetzgebers ergebenden verfassungsrechtlichen Folgerungen zu ziehen und gegebenenfalls die zur Prüfung vorgelegte Norm wegen ihres Verstoßes gegen den für unmittelbar vollziehbar gehaltenen Verfassungssatz für nichtig zu erklären. Selbst wenn das Außerkrafttreten einer Rechtsnorm dogmatisch zu unterscheiden wäre von ihrer Verfassungswidrigkeit[431]), so könnte dennoch dieses Außerkrafttreten nicht von jedem erkennenden Gericht, sondern im Hinblick auf den mit Art. 100 GG erstrebten Zweck der Konzentration eines negativen Entscheidungsmonopols beim Bundesverfassungsgericht nur von diesem festgestellt werden[432]). Das Bundesverfassungsgericht hat jedoch zunächst noch ausdrücklich dahinstehen lassen, „ob und in welchen Grenzen das Ausbleiben des Anpassungsgesetzes zu Art. 6, Abs. 5 GG einen solchen Funktionswandel der Norm vom Gesetzgebungsauftrag zur aktuellen Rechtsnorm mit derogatorischer Kraft und der Bedeutung einer Generalklausel für das gesamte Unehelichenrecht zur Folge haben kann“[433]).

Solange es aber den Übergang der Pflicht zur Verwirklichung des Verfassungsauftrages vom Gesetzgeber auf Verwaltung und Rechtsprechung nicht ausdrücklich angeordnet und die Verfassungswidrigkeit der geltenden Unehelichengesetze als Folge dieses Pflichtenüberganges nicht besonders festgestellt hat, steht — was denn auch gegenwärtig wohl überwiegend angenommen wird — ihre derzeitige Gültigkeit außer Zweifel[434]).

---

429) A. a. O.

430) So zutreffend bereits LG Stuttgart, NJW, 1958, S. 1731 l. (Urt. v. 16. 7. 1958 — 5 S 144/58).

431) Vgl. dazu Bachof, Verfassungsnormen, S. 58 f.

432) So im Hinblick auf Art. 131 GG auch Bachof a. a. O., S. 59 f.

433) BVerfG, NJW, 1958, S. 2060 l. (Beschl. v. 23. 10. 1958 — 1 BvL 45/56).

434) Vgl. etwa v. Mangoldt-Klein, Art. 6 GG, VI 1 und BAG, NJW, 1957,

Eine Verwirklichung des Art. 6, Abs. 5 GG im Wege eines unmittelbaren Verfassungsvollzuges wäre freilich im Hinblick auf den eindeutigen Verfassungstext nicht unbedenklich[435]). Denn Art. 6, Abs. 5 GG lautet nicht: „Uneheliche Kinder haben die gleichen Bedingungen ... wie die ehelichen“, sondern: „den unehelichen Kindern sind durch die Gesetzgebung gleiche Bedingungen ... zu schaffen ...“[436]). Zweifelhaft erscheint auch die vom Bundesverfassungsgericht zunächst noch offen gelassene Frage, „ob dem Art. 6, Abs. 5 GG ein zum unmittelbaren Vollzug geeigneter präziser Rechtsgehalt innewohnt“[437]).

Es bedarf jedoch in diesem Zusammenhang keiner abschließenden Erörterung der gegen eine derogatorische Wirkung des Art. 6, Abs. 5 GG bestehenden Bedenken. Denn selbst dann, wenn das Bundesverfassungsgericht künftig eine solche Wirkung feststellen sollte, bliebe es trotzdem „der Legislative unbenommen, wenn ihr die Verwirklichung des Verfassungsbefehls durch die anderen Gewalten mißfällt, nunmehr im Wege der Gesetzgebung tätig zu werden“[438]). „Eine Verwirkung ihres Rechts, das Problem in Angriff zu nehmen, ist“ — was auch von den Verfechtern eines bereits vollzogenen Strukturwandels des Art. 6, Abs. 5 GG eingeräumt wird — „nicht eingetreten“[439]).

Geht man aber — was im folgenden nachzuweisen sein wird — davon aus, daß jene Bestimmung nicht nur ein Recht zu gesetzgeberischer Initiative im Sinne einer bloßen Ermächtigung enthält, sondern einen zwingenden Handlungsauftrag erteilt, dessen Erfüllung im Wege der Verfassungsbeschwerde erzwungen werden kann, so besteht für ihre behauptete Derogationswirkung kein Bedürfnis mehr. Eine das geltende Unehelichenrecht abändernde Kraft könnte dem Art. 6, Abs. 5 GG allenfalls dann beigemessen werden, wenn das Bundesverfassungsgericht auf eine Verfassungsbeschwerde hin die Grundrechtswidrigkeit der bislang unterlassenen Anpassungsgesetzgebung festgestellt hätte und die Legislative sich auch weiterhin der Erfüllung ihrer Rechtspflicht entziehen würde. Solchenfalls könnte möglicherweise die endgültige Ablehnung des geforderten Gleichstel-

---

S. 805 r. (Urt. v. 7. 12. 1956 — 1 AZR 431/55): „Sie wirkt nicht derogatorisch auf die bisherige Gesetzgebung“.

435) Ebenso Maunz, Staatsrecht, S. 83, und Maunz-Dürig, Art. 1, Abs. 3 GG, Randnr. 95, Fußnote 5: „Daß der Richter hier nicht durch Entscheidungen gegen bestehendes Gesetzesrecht den Verfassungswillen realisieren darf, sollte zweifelsfrei sein“.

436) So Maunz, a. a. O.

437) BVerfG, NJW, 1958, S. 2060 l. (Beschl. v. 23. 10. 1958 — 1 BvL 45/56).

438) Krüger, Hildeg., Programmsatz, S. 359 r.

439) A. a. O.

lungsgesetzes zu einer Nichtigkeit der bisherigen Gesetzesbestimmungen führen, die für uneheliche Kinder „ungleiche Bedingungen“ im Sinne des Art. 6, Abs. 5 GG enthalten.

Diese die Vollstreckung eines verfassungsgerichtlichen Feststellungsurteils[440]) betreffende Frage ist jedoch hier nicht weiter zu verfolgen. Die nachfolgenden Ausführungen haben vielmehr ausschließlich die Zulässigkeit einer gegen den parlamentarischen Gesetzgeber gerichteten Feststellungsklage nachzuweisen, mit deren Hilfe der Wille des Verfassungsgebers auf dem von ihm vorgezeichneten Wege vollzogen werden kann. Denn von diesem Weg hat die bisherige Interpretation abgelenkt, indem sie aus Resignation vor der für unabwendbar gehaltenen Passivität der Gesetzgebung den Art. 6, Abs. 5 GG lediglich in seiner möglichen Vollziehbarkeit für Verwaltung und Rechtsprechung sah[441]). Seine aktuelle Rechtsgeltung für die allein in Pflicht genommene Legislative blieb dagegen weitgehend unerkannt[442]), weil die gegenwärtige Grundrechtstheorie immer noch an der aus der Weimarer Staatsrechtslehre überkommenen Unterscheidung von unverbindlichem Gesetzgebungsprogramm und unmittelbar geltendem Recht für die Vollzugsgewalten festhält[443]).

Da aber die Zulässigkeit einer Verfassungsbeschwerde gegenüber legislatorischen Unterlassungen die aktuelle Normqualität derjenigen Grundrechtsbestimmung voraussetzt, aus der die konkrete Rechtspflicht zum Handeln hergeleitet wird[444]), ist zunächst die Unhaltbarkeit dieser Unterscheidung aufzuzeigen. Ihr in diesem Zusammenhang ganz allgemein entgegenzutreten, erscheint umso dringlicher, als über den Art. 6, Abs. 5 GG hinaus alle Gewährleistungen des Grundgesetzes, die zu ihrer Verwirklichung einer gesetzlichen Durchnormierung bedürfen, insbesondere die sozialen Grundrechte, wie etwa Art. 6, Abs. 1 und Abs. 4 GG, in der gleichen Gefahr stehen, wegen mangelnder Präzision ihres Rechtsgehaltes für Verwaltung und Justiz als leerlaufende programmatische Zielsetzungen für die Gesetzgebung entwertet zu werden, wie dies bei ähnlichen Bestimmungen der Weimarer Verfassung der Fall war (vgl. etwa Art. 119 WV).

---

440) Vgl. hierzu BVerfG, NJW, 1957, S. 584 r. (Beschl. v. 20. 2. 1957 — 1 BvR 441/53).

441) Abweichend erstmalig Maunz-Dürig, Art. 1, Abs. 3 GG, Randnr. 95, Fußnote 5: „Man wird aber einmal die im deutschen Staatsrecht völlig neue Frage durchdenken müssen, ob hier nicht ‚irgendwann‘ eine verfassungsgerichtliche Vornahmeklage zulässig wird“.

442) So etwa v. Mangoldt-Klein, Vorbem. B VII 2 vor „Die Grundrechte“: „Ausnahmen hinsichtlich der aktuellen Rechtsgeltung der Grundrechte sind Art. 6, Abs. 5 GG . . .“

443) So z. B. Maunz, Staatsrecht, S. 83.

444) Vgl. o. S. 46.

2. Die Lehre von den sog. Programmsätzen

Als Programmsätze, Richtlinien oder Direktiven im engeren und eigentlichen Sinne werden herkömmlicherweise solche Verfassungsbestimmungen bezeichnet, die sich mit der Ankündigung näherer Ausführungsgesetze, mit Verheißungen zur Ordnung bestimmter Lebensgebiete oder mit Fürsorge-, Schutz- und Pflegeversprechen ausdrücklich oder funktionell an die einfache Gesetzgebung wenden. Es handelt sich dabei in diesem engeren Sinne um solche Verfassungssätze, die ein positives staatliches Tun fordern. Da sie in aller Regel ohne die intermediäre Zwischenschaltung eines Vollzugsgesetzes im Hinblick auf die Weite und Unbestimmtheit ihres Gebotsgehaltes für Verwaltung und Rechtsprechung eine meßbare und subsumtionsfähige Anwendung nicht gestatten, schließt die aus der Weimarer Verfassung überkommene Lehre hieraus auf ihre mangelnde aktuelle Rechtsgeltung überhaupt[445]). Sie spricht jenen auch als Anweisungen an den Gesetzgeber bezeichneten Programmsätzen eine objektiv-rechtliche Verpflichtungswirkung ab, weil sie die Aktualität und Positivität von Verfassungsbestimmungen ausschließlich im Sinne ihrer berechenbaren und justiziablen Anwendungsmöglichkeit durch die Vollzugsbehörden versteht[446]). „Darauf, daß *diese* Art inhaltlicher Präzision als ein Merkmal der Positivität aufgefaßt wird, gründet sich die Schlagkraft der Antithese: ‚bloßes' Programm (oder Grundsatz) — positives, aktuelles Gesetz. Alles was nicht diesen, ohne weiteres erkennbaren und vollziehbaren Inhalt hat, ist für diese wesentlich technische Auffassung nicht positiv und bedarf daher einer Positivierung durch den Gesetzgeber"[447]). Ohne seine „auctoritatis interpositio"[448]) haben alle Planungen und Zielsetzungen des Verfassungsgebers lediglich die Bedeutung von materiell unverbindlichen und deshalb formell unerzwingbaren Empfehlungen und Ermahnungen. Unmittelbar geltendes Recht für den Gesetzgeber stellen sie nach bisheriger Ansicht nicht dar, weil der aus der Bismarckschen Reichsverfassung überlieferte und in die Gegenwart insoweit nachwirkende Gesetzespositivismus[449]) eine Einschränkung des für selbstherrlich erachteten rechtsetzenden Staatswillen durch normativen Handlungszwang nicht duldet.

Wurden in der Weimarer Zeit schon alle Grundrechtsnormen des negativen Status, die als Verbotssätze ein staatliches Unterlassen fordern, gegenüber der Gesetzgebung durch praktisch unbegrenzte Gesetzesvorbehalte zum „Leerlaufen" verurteilt[450]), so mußte dies

---

445) Repräsentativ in diesem Sinne Anschütz, S. 452 ff.

446) Vgl. Schmitt, Grundrechte, S. 217 ff.

447) A. a. O., S. 219.

448) A. a. O., S. 217.

449) Vgl. dazu v. Hippel, Prüfungsrecht, S. 549 ff., sowie v. Hippel, Verbindlichkeit, S. 66 ff.

450) Vgl. dazu o. S. 22 f.

erst recht gelten für die ihr ein positives Handeln gebietenden Bestimmungen[451]). Denn rechtliche Verbotsbefehle, die vorschreiben, was der Normadressat nicht tun darf, ihm aber eine Vielzahl von anderen Handlungsmöglichkeiten belassen, schränken seine Handlungsfreiheit naturgemäß weniger stark ein, als Gebotsnormen, die ein bestimmtes Tun erzwingen wollen und nur durch die inhaltlich vorbestimmte Tätigkeit erfüllt werden können[452]). Eine derart einschneidende Begrenzung der für unantastbar gehaltenen Parlamentssouveränität war mit dem positivistischen Glauben an die Allmacht des Gesetzgebers nicht zu vereinbaren. So blieben denn zahlreiche Gesetzgebungsaufträge der Weimarer Reichsverfassung, wie Art. 121, Art. 131, Abs. 2, Art. 146 und Art. 164 leere Versprechen und zu nichts verpflichtende Deklamationen. Soweit sie überhaupt erfüllt wurden, geschah dies nicht in Verwirklichung einer als zwingend angesehenen Handlungspflicht, sondern in Ausübung des freien, durch Gebotsbefehle nicht für beschränkbar gehaltenen parlamentarischen Ermessens.

Die bedenkliche Schlußfolgerung von der mangelnden Vollziehbarkeit eines Programmsatzes für Exekutive und Justiz blieb freilich gegen Ende der Weimarer Verfassung nicht mehr unangefochten[453]). „Die Zweifel nahmen ihren Ausgangspunkt von der Überlegung, daß auch Programmsätze irgendeine aktuelle Bindung enthalten“[454]). Von diesem richtigen Ansatz aus wurde erstmals der Versuch unternommen, sie gegenüber der Legislative zu aktualisieren und zu positivieren[455]) und die Bestimmungen des zweiten Hauptteils der Reichsverfassung nur noch nach ihrer jeweils unterschiedlichen Vollziehbarkeit für Verwaltung, Rechtsprechung und Gesetzgebung einzuteilen[456]).

In der Gegenwart darf allerdings die abwegige Alternative von Programm und positivem Recht noch keineswegs als überwunden und die Aktualität verfassungsrechtlicher „Anweisungen“ an den Gesetzgeber noch lange nicht als Gemeingut wissenschaftlicher Erkenntnis gelten. So wird trotz der neuartigen Aktualisierungsnorm des Art. 1, Abs. 3 GG heute noch als herrschende Ansicht bezeichnet, daß es sog. Programmsätze auch noch unter dem Titel „Die Grundrechte“ gebe und daß etwa die Absätze 4 und 5 des Art. 6 GG solche Programm-

---

451) Vgl. dazu Schmidt, Grundrechte, S. 199 ff.

452) Vgl. dazu Peperoni, S. 153 ff., und Jellinek, W., Verwaltungsrecht, S. 193: „Die Erfüllung eines Gebots setzt Leben voraus, während ein Verbot niemand besser erfüllt als ein Lebloser.“

453) Vgl. Schmitt, Grundrechte, S. 201: „Heute läßt sich das einfache Entweder-Oder: Programm — positives Recht nicht mehr aufrechterhalten“; ebenso S. 225.

454) Maunz, Staatsrecht, S. 83.

455) So grundlegend Schmitt, Grundrechte, S. 220. Vgl. auch Huber, Bedeutungswandel, S. 12 f.

456) So Schmitt, a. a. O., S. 224 ff.

sätze beinhalteten[457]). Andere erklären die Auffassung, daß Art. 1, Abs. 3 GG verfassungsmäßige Programme ausschließe und nur aktuelles Recht zulasse, schlechthin für irrig[458]).

Soweit gegenwärtig überhaupt die alte Unterscheidung von Programm und positivem Recht geleugnet wird[459]), ist nicht immer klar ersichtlich, ob dies im Hinblick auf die den Gesetzgeber verpflichtende Gebotswirkung der fälschlich als Programme bezeichneten Verfassungssätze geschieht oder unter Berufung auf ihre einer „Mediatisierung" nicht mehr für bedürftig gehaltene Positivität für Verwaltung und Rechtsprechung. Das letztere ist insbesondere dort der Fall, wo unter Hinweis auf Art. 1, Abs. 3 GG („unmittelbar geltendes Recht") ohne Einschränkung ein direkter Verfassungsvollzug auch gänzlich unbestimmter Grundrechtsnormen unter Verzicht auf eine Zwischenschaltung des Gesetzgebers gefordert wird. So wird geltend gemacht, Art. 1, Abs. 3 GG habe gerade den Sinn, daß es nicht erst der sog. Aktualisierung durch Ausführungsgesetze bedürfe[460]). Aus ihm müsse der Satz entnommen werden, daß vollziehbare Verfassungsnormen keines Gesetzesvollzuges bedürften, sondern unmittelbaren Verfassungsvollzug erheischten[461]). Die „intermediäre" Funktion des Gesetzes sei im Grundrechtsteil weitgehend ausgeschaltet[462]). Wenn zur Zeit der Weimarer Reichsverfassung zwischen Verfassung und Richter der Gesetzgeber getreten sei, so wolle jetzt die Verfassungsurkunde unvermittelt als selbst das maßgeblichste Gesetz gelten[463]).

Allen genannten Schrifttumsäußerungen ist gemeinsam, daß sie, der Weimarer Lehre folgend, verfassungsrechtlichen Normen Positivität nur zuerkennen, sofern sie ohne Einschaltung des Gesetzgebers für Verwaltung und Justiz eine unmittelbare Anwendung gestatten[464]). Da aber die aus Art. 1, Abs. 3 GG hergeleitete Vermutung für eine unmittelbare Vollziehbarkeit der Grundrechtsnormen nur für solche Platz greifen kann, die auf staatliches Unterlassen abzielen (negative Statusrechte)[465]), sieht sich die herrschende Auffassung genötigt, von dieser Vermutung diejenigen Bestimmungen auszuneh-

---

457) So Wertenbruch, S. 97 f., unter Berufung auf v. Mangoldt-Klein, Art. 6 GG, V 1 und VI 1.

458) So Maunz, Ehe und Familie, S. 2.

459) So zutreffend Böckenförde, S. 16.

460) So Thoma, Über die Grundrechte, S. 17. Ebenso Huber, Verfassungsbeschwerde, S. 17 f.

461) So Krüger, Hildeg., Programmsatz, S. 357 r.

462) So Hamann, Kommentar, Einf. I A 3. Ebenso Hamel, S. 28: „Die intermediäre Funktion des einfachen Gesetzes zwischen Verfassungsnorm und Normvollzug hat keineswegs unmittelbare verfassungsrechtliche Geltung."

463) So Arndt, S. 1299 r.

464) Vgl. Schmitt, Grundrechte, S. 217, sowie Maunz, Normen, S. 148 ff.

465) So zutreffend bereits Maunz-Dürig, Art. 1, Abs. 3 GG, Randnr. 93 f. Vgl. hierzu des näheren u. S. 87 ff.

men, die von vornherein ein positives Tun erfordern und ohne „Vermittlung“ des Gesetzgebers nicht vollziehbar sind[466]). Hieraus wird wiederum ihre mangelnde Verbindlichkeit auch für die Gesetzgebung gefolgert, weil der Begriff der „Unmittelbarkeit“ in Art. 1, Abs. 3 GG ebnso wie der Begriff der „Geltung“ immer noch ausschließlich in seiner Beziehung zu den rechtsanwendenden Gewalten gesehen wird[467]). Dies gilt auffallenderweise allerdings nur insoweit, als der Grundrechtekatalog dem Gesetzgeber konkrete Handlungspflichten auferlegt. Denn daß solche Grundrechtsbestimmungen, die ein legislatorisches Unterlassen fordern, auch für die rechtsetzende Gewalt unmittelbar geltendes Recht im Sinne des Art. 1, Abs. 3 GG darstellen, ist bisher nirgends in Zweifel gezogen worden. So wird denn auch — soweit ersichtlich — nicht bestritten, daß die direktive Wirkung von Programmsätzen das „Wie“ der zu ihrer Verwirklichung ergangenen Gesetze zwingend festlegt und daß hiervon nicht abgewichen werden darf (vgl. etwa Art. 117, Abs. 1 GG in Verbindung mit Art. 3, Abs. 2 GG). Nur haben Theorie und Praxis dem Gesetzgeber herkömmlich die Entscheidung darüber, ob er überhaupt einen Programmsatz erfüllen will, auch dort in sein freies Belieben gestellt, wo die Verfassung etwa durch die Worte „ist zu regeln“ einen bindenden Handlungsauftrag erteilt (vgl. z. B. Art. 33, Abs. 5 GG). Es erscheint daher wenig verwunderlich, wenn über den Art. 6, Abs. 5 GG hinaus zahlreiche Rechtsetzungspflichten, insbesondere außerhalb des Grundrechtekatalogs bis heute unerfüllt geblieben sind (vgl. Art. 21, Abs. 3 GG[468]), Art. 26, Abs. 2, S. 2 GG, Art. 29, Abs. 6, S. 2 GG, Art. 95, Abs. 1 GG und Art. 98, Abs. 1 GG).

Durch die verspätete Erfüllung anderer Gesetzgebungsaufträge, etwa des Gleichberechtigungsgesetzes (Art. 117, Abs. 1 GG) oder der Ausführungsgesetzgebung zu Art. 131 GG[469]) hat die Säumnis des Parlaments Gefahren für die Rechtssicherheit, den Rechtsfrieden, aber auch für das System der Gewaltengliederung[470]) heraufbeschworen, deren Rechtsprechung und Verwaltung jedenfalls innerhalb ihres eigenen Funktionsbereiches nicht Herr zu werden vermochten[471]).

Nichts aber „stört die Ordnung des Staates mehr, als wenn der Gesetzgeber das, was er zu leisten hat, dem Richter auflädt, wenn er aus seiner Verantwortung flieht und sie dem Richter aufbürdet, der sie in seiner Funktion nicht wahrnehmen kann“[472]).

---

466) So etwa v. Mangoldt-Klein, Vorbem. B VII 2 vor „Die Grundrechte“. Vgl. auch Bonner Kommentar/Wernicke, Art. 1 GG, II 4 a.
467) Vgl. etwa v. Mangoldt-Klein, a. a. O.
468) Vgl. dazu Maunz-Dürig, Art. 21 GG, Randnr. 47 ff.
469) Vgl. dazu Bachof, Verfassungsnormen, durchgehend.
470) Vgl. dazu Weber, S. 253 ff.
471) Vgl. hierzu etwa Schneider, S. 890 f., und Canter, durchgehend, im Hinblick auf das Ausbleiben des Gleichberechtigungsgesetzes.
472) Böckenförde, S. 88.

3. Die Unhaltbarkeit der Unterscheidung von Programmsatz und positivem Recht

Bei der Beurteilung der Frage, ob einer herkömmlich als Programmsatz bezeichneten Verfassungsbestimmung aktuelle Normqualität im Sinne eines gebietenden Imperativs zukommt, der den Gesetzgeber in der Vornahme eines Legislativaktes bindet und dessen Nichtvornahme die Zulässigkeit einer Verfassungsbeschwerde begründet, ist auszugehen von der Aktualisierungsnorm des Art. 1, Abs. 3 GG. Denn sie qualifiziert die nachfolgenden Grundrechtsvorschriften nicht nur für Verwaltung und Rechtsprechung zu objektivem Verfassungsrecht, sondern gleichermaßen auch für die Gesetzgebung. Sie entscheidet damit die Frage nach dem „Ob" einer legislatorischen Grundrechtsbindung eindeutig im bejahenden Sinne, während das „Wie" dieser Bindung, d. h. ihr Gebots- oder Verbotscharakter, nicht dem Art. 1, Abs. 3 GG, sondern dem Inhalt der einzelnen Grundrechtsbestimmungen zu entnehmen ist. Dementsprechend ist von Artikel zu Artikel zu fragen, ob dem Gesetzgeber nach dem aus Wortlaut und Sinn zu erschließenden Willen des Verfassungsgebers eine Unterlassungs- oder eine Handlungspflicht trifft. Ergibt diese Prüfung einen Zwang zu parlamentarischer Initiative, so gestattet Art. 1, Abs. 3 GG nicht, den betreffenden Gebotsbefehl unter dem Gesichtspunkt des Programmsatzes in den Bereich der politischen, rechtlich aber unverbindlichen Versprechungen zu verweisen. Denn er nimmt die dem Gesetzgeber ein positives Tun auferlegenden Grundrechtssätze weder von der ausdrücklich angeordneten Legislativbindung noch von dem Begriff der Geltung aus, sondern positiviert und aktualisiert alle nachfolgenden Grundrechtsnormen, gleichviel, ob sie ihrem Inhalt nach dem Gesetzgeber ein Handeln gebieten oder verbieten.

Der Zusatz „unmittelbar" vermag diese Geltungskraft freilich weder zu verstärken noch überhaupt näher zu umschreiben[473]). Denn das Wesen der Rechtsnorm als rechtlicher Imperativ kennt nur das Entweder-Oder von Bindung und Nichtbindung, das der Alternative von Geltung und Nichtgeltung entspricht. „Da aber mittelbar geltendes Recht ... per definitionem gerade nicht bindet, wird die Bezeichnung unmittelbar, so verstanden, zu einer Tautologie"[474]).

In ihrer Beziehung zur rechtsetzenden Gewalt kann ihr auch nicht die für die rechtsanwendenden Organe herkömmliche Bedeutung der Ausschaltung einer vermittelnden Instanz zukommen, „weil es einen Mittler zwischen Verfassungsgeber und Gesetzgeber und also eine mittelbare Geltung für die ‚Rechtsetzung' nicht gibt"[475]). Die Un-

[473]) Vgl. dazu Böckenförde, S. 15 ff.
[474]) A. a. O., S. 17.
[475]) A. a. O., S. 16.

mittelbarkeit der Rechtsgeltung, die Art. 1, Abs. 3 GG auch auf die Gesetzgebung bezieht und auch hier einen vernünftigen Sinn ergibt[476]), hat in Wahrheit nur den Wert einer Vermutung für die Vollziehbarkeit der nachfolgenden Grundrechtsnormen für diejenige Gewalt, die als ihr Vollzugsadressat in Betracht kommt.

Diese Vermutung gilt — wie bereits angedeutet — zunächst für Verwaltung und Rechtsprechung, soweit es sich um Grundrechtsnormen des negativen Status handelt, die ein staatliches Unterlassen fordern und in der Tat auch ohne weitere Durchnormierung eine unmittelbare subsumtionsfähige Anwendung durch den Richter gestatten[477]). Sie versagt allerdings bei den Grundrechtsnormen des positiven, insbesondere des sozialen Status, die ein tätiges Handeln gebieten und ohne nähere gesetzliche Präzisierung für einen unmittelbaren Verfassungsvollzug nicht in Frage kommen können[478]). So sind etwa das Recht auf den gesetzlichen Richter (Art. 101, Abs. 1, S. 2 GG) ohne rechtssatzmäßige Festlegung von Zuständigkeitsregeln[479]), das verfassungsmäßige Recht auf Fürsorge (Art. 1, Abs. 1, S. 2 GG)[480]) nach Anspruchshöhe und Anspruchsgegner ohne gesetzliche Ausformung direkt nicht vollziehbar. Namentlich „bei der Einführung von Ansprüchen auf positive Leistungen des Staates oder von neuen Einrichtungen ist die verfassungsrechtliche Notwendigkeit der Zwischenschaltung eines eigenen Durchführungsgesetzes ohne weiteres einleuchtend“[481]).

Die Vermutung des Art. 1, Abs. 3 GG vermag solchen Gebotsnormen — was allgemein anerkannt wird — keine größere Vollziehbarkeit für Verwaltung und Justiz zu verleihen, als ihnen auf Grund ihrer Wortfassung ohnehin zukommt[482]). Mit dem Mangel ihrer inhaltlichen Präzision, der eine justiziable Subsumtionsmöglichkeit ausschließt, entfällt deshalb ihre Tauglichkeit als tatbestandsmäßiger Subsumtionssatz und damit ihre Aktualität für die rechtsanwendenden Instanzen schlechthin. Daraus darf allerdings nicht ihre mangelnde Rechtsgeltung auch für die Gesetzgebung gefolgert werden, wie es die Lehre von den Programmsätzen bislang getan hat.

---

476) A. A. a. a. O., S. 17: „Demgegenüber ergibt die Formulierung in Art. 1 III einen Sinn, wenn man ihr die Bedeutung beimißt, die Geltung der Grundrechtsbestimmungen festzusetzen, ohne daß es ihrer Aufnahme in die Länderverfassungen bedarf.“ Hiergegen mit Recht bereits Maunz-Dürig, Art. 1, Abs. 3 GG, Randnr. 93, Fußnote 4.

477) Vgl. dazu Maunz-Dürig, Art. 1, Abs. 3 GG, Randnr. 93 ff.

478) Ebenso a. a. O.

479) Vgl. dazu Bettermann, Unabhängigkeit, S. 566 ff.

480) Vgl. dazu o. S. 60 f.

481) Schmitt, Verfassungsvollzug, S. 472. Ebenso Schmitt, Grundrechte, S. 212 f.

482) Dies verkennt Darmstaedter, S. 2. Zutreffend Zeidler, W., S. 4; Maunz, Normen, S. 147 f.; Böckenförde, S. 17, sowie Esser, S. 71.

Die Inhaltsbestimmtheit eines rechtlichen Sollensbefehls ist gewiß ein begriffliches Erfordernis seiner normativen Geltung überhaupt. Allein die Vollziehbarkeit einer Verfassungsnorm und ihre Aktualität für den Gesetzgeber ist ihrem Wesen nach etwas anderes als Vollziehbarkeit für Verwaltung und Rechtsprechung[483]). Sie muß naturgemäß von anderer Art sein, weil es die Gesetzgebung mit der generell-abstrakten Normierung einer Vielzahl von Lebenstatbeständen zu tun hat, die rechtsanwendenden Gewalten dagegen zur Entscheidung eines Einzelfalles mit der Subsumtion eines konkreten Sachverhaltes unter den generellen Tatbestand einer Rechtsnorm[484]). So vermag der Richter etwa aus Art. 6, Abs. 4 GG, der jeder Mutter einen Anspruch auf den Schutz und die Fürsorge der Gemeinschaft gewährt[485]), zumindest in einem rechtsstaatlich geordneten Verfahren[486]) keinerlei Subsumtionsnorm rational abzuleiten[487]). Zwar läßt sich ohne gesetzliche Durchnormierung wohl noch der Tatbestand des Art. 6, Abs. 4 GG (Schutzbedürftigkeit) hinreichend bestimmen, keineswegs aber die aus ihm zu deduzierende Rechtsfolge, weil sich die Modalitäten der Verwirklichung des Mutterschutzes (Kündigungsverbote, Leistungsansprüche usw.) nur aus einem Gesetz ergeben können.

Für die rechtsetzende Gewalt enthält dagegen Art. 6, Abs. 4 GG kraft der Vermutung des Art. 1, Abs. 3 GG einen unmittelbar vollziehbaren Handlungsbefehl. Er läßt ihr zwar ebenso wie die anderen Rechtsetzungspflichten der Verfassung einen weiten Spielraum bei der Entscheidung über das „Wie" der Auftragserfüllung, ein Spielraum, der für die Vollziehbarkeit von gesetzgeberischen Handlungsgeboten vollauf genügt und sich n u r für Verwaltung und Rechtsprechung als Mangel technischer Präzision und damit als Mangel einer „unvermittelten" Aktualität überhaupt darstellt.

Für die rechtsanwendende Gewalt bedurfte Art. 6, Abs. 4 GG daher in der Tat erst einer Aktualisierung durch den Gesetzgeber, die mit dem Mutterschutzgesetz vom 24. 1. 1952 inzwischen erfolgt ist. Ohne diese Transformation war und ist er allerdings kein unverbindlicher Programmsatz, wie noch heute weithin vertreten wird[488]), sondern gemäß Art. 1, Abs. 3 GG bereits vorher eine Verfassungsnorm von aktueller Geltungskraft, aktuell freilich nur für die Legislative.

---

483) Ebenso Maunz, Staatsrecht, S. 83, und Böckenförde, S. 17. Vgl. hierzu insbesondere Schmitt, Verfassungsvollzug, S. 456 ff.

484) Vgl. dazu Böckenförde, S. 75 ff.

485) Vgl. dazu Denecke, S. 475 ff.

486) Vgl. dazu Schmitt, a. a. O., und Böckenförde, S. 88: „... Rechtsstaatsprinzip, das einen durch Zwischenschaltung des Gesetzes rechtsstaatlich geordneten Verfassungsvollzug verlangt."

487) So auch offenbar v. Mangoldt-Klein, Art. 6 GG, V 1. A. A. Hamann, Kommentar, Art. 6 GG, 7.

488) So Wertenbruch, S. 98, Bonner Kommentar/Wernicke, Art. 6 GG, II 4, und Denecke, S. 478.

Wenn „solche Verfassungssätze, die ihrer Natur nach nur Generalklauseln sind, oder aber auch solche, die große Zielsetzungen und Planungen enthalten, durch eine nähere gesetzliche Regelung positiviert und durchgeführt werden, so bedeutet das nicht, daß der durch Gesetz vollzogene Verfassungssatz vorher unverbindlich, bloße Empfehlung und nicht geltendes Recht, gewesen wäre. Auch solche Verfassungssätze sind geltendes Recht, sogar unmittelbar geltendes Recht, denn sie gelten unmittelbar für den Gesetzgeber, der sofort mit dem Inkrafttreten der Verfassung zu einem sinn- und sachgemäßen Vollzug durch gesetzliche Regelung verpflichtet ist"[489]).

In seiner Gebotswirkung stellte Art. 6, Abs. 4 GG dem Gesetzgeber den Erlaß einer Mutterschutzgesetzgebung nicht in sein freies, ungebundenes Ermessen, sondern verpflichtete ihn zu parlamentarischer Initiative, deren Unterlassung zur Zulässigkeit und wohl auch zur Begründetheit einer Verfassungsbeschwerde hätte führen müssen. Er bindet die Legislative bei Auftreten neuer Schutzbedürftigkeiten der Mutter im Arbeits-, Berufs- und Wirtschaftsleben[490]), denen mit Hilfe der vorhandenen Gesetzesnormen nicht abgeholfen werden kann, auch künftig in der Vornahme weiterer Rechtsetzungen. Die Frage, ob und wann diese Voraussetzungen gegeben sind, bedingt auch hier allein die materiellen Erfolgsaussichten einer Verfassungsbeschwerde, die sich, gestützt auf den konkreten Handlungsauftrag des Art. 6, Abs. 4 GG, gegen ein legislatorisches Unterlassen wendet. Ihre Zulässigkeit ergibt sich aus der objektiv-rechtlichen Verpflichtungskraft des Art. 6, Abs. 4 GG, auf die schon das Wort „Anspruch" hinweist, das in seiner Bedeutung als subjektive Berechtigung stets auf einer zwingenden Rechtsnorm des objektiven Rechts beruht und sie begrifflich voraussetzt[491]). Sie ergibt sich weiter aus dem Gebotsgehalt dieser bindenden Schutzpflicht, der nach Anspruchsträger („Jede Mutter"), nach Anspruchsgegner (Gesetzgeber) und Anspruchsgegenstand („schützen") allen Anforderungen einer konkreten Rechtsetzungspflicht entspricht.

Dieses Handlungsgebot ist nicht weniger zwingendes Verfassungsrecht als die in Art. 6, Abs. 4 GG auch enthaltene Verbotsnorm, die eine Beeinträchtigung der Mutterschaft der Frau durch störende Eingriffe des Staates verbietet. Es geht deshalb nicht an, solchen Verfassungsnormen mit verbietender und gebietender Doppelfunktion Geltungskraft nur insoweit beizumessen, als sie den negativen Status verbürgen und sie als bloßes Gesetzgebungsprogramm abzuwerten, soweit sie positiven staatlichen Schutz garantieren[492]). So stellt auch

---

[489]) Schmitt, Verfassungsvollzug, S. 462 f.

[490]) Vgl. dazu Denecke, S. 482 ff.

[491]) Vgl. Bachof, Reflexwirkungen, S. 294 f.

[492]) So aber Maunz, Ehe und Familie, S. 2, zu Art. 6, Abs. 1 GG: „Neben dieser negativen Begrenzung gesetzgeberischen Spielraums enthält

Art. 6, Abs. 1 GG bindendes Verfassungsrecht nicht nur insoweit dar, als er dem Gesetzgeber negativ störende Eingriffe in Ehe und Familie oder gar ihre institutionelle Beseitigung verbietet[493]). Er verpflichtet ihn auch in seiner positiven Funktion, nämlich „Ehe und Familie nicht nur vor Beeinträchtigungen durch andere Kräfte zu bewahren, sondern auch durch geeignete Maßnahmen zu fördern"[494]). Denn das vom Bundesverfassungsgericht mit Recht aus dem Begriff des „Schützens" abgeleitete Maße von Bestimmtheit, das für die Bindungsfähigkeit des Art. 6, Abs. 1 GG als ausreichend angesehen wurde[495]) und etwa auch für die Geltungskraft des Art. 6, Abs. 4 GG sowie des Art. 1, Abs. 1, S. 2 GG[496]) genügt, gilt für den positiven Gebotsgehalt einer staatlichen Schutzpflicht ebensogut wie für ihre negative Verbotsfunktion.

Die Pflicht zur Unterlassung störender und schädigender Eingriffe in das betreffende Schutzgut ist auch noch für Verwaltung und Rechtsprechung innerhalb ihres Aufgabenbereiches vollziehbar und insoweit für alle drei Staatsorgane bindendes Recht. Wo aber ein Schutzauftrag der Verfassung nur durch positives Tun erfüllt werden kann und dessen Verwirklichung das bestehende Gesetzesrecht nicht mehr zu garantieren vermag, kann nur der Gesetzgeber die entstandene Schutzlücke durch Erlaß zusätzlicher Gesetzesnormen schließen. Er ist hierzu verfassungsrechtlich verpflichtet, weil für ihn im Gegensatz zu den rechtsanwendenden Organen nicht nur die Verbotsseite der staatlichen Schutzpflicht zwingendes Recht darstellt, sondern a u c h ihr Gebotsbefehl. Durch seine Verletzung kann er eine verfassungswidrige Unterlassung begehen, die bei Fehlen anderer prozessualer Mängel zumindest zur Zulässigkeit einer hiergegen gerichteten Verfassungsbeschwerde führen müßte. Deshalb könnte eine Unterlassungsrüge nicht schon im Prozessualen aufgefangen werden, durch die ein Ehemann unter Berufung auf Art. 6, Abs. 1 GG als Zusatzbegründung zu Art. 1, Abs. 1, S. 2 GG ein gesetzliches Verbot oder auch eine Pönalisierung der bereits erwähnten heterologen Insemination fordern würde[497]). Denn die Behauptung einer sich aus Art. 6, Abs. 1 GG ergebenden Rechtspflicht zum Handeln ist in sich schlüssig, weil Art. 1, Abs. 3 GG den Gesetzgeber in der Vornahme

---

sie gleichzeitig ein Programm für den künftigen Gesetzgeber. Die Doppeleigenschaft eines Rechtssatzes als unmittelbar bindende aktuelle Begrenzung und als positives Programm für weitere Rechtsetzungen ist durchaus sinnvoll." Unrichtig auch v. Mangoldt-Klein, Art. 6 GG III 1.

493) Vgl. BVerfG, NJW, 1957, S. 417 l. (Beschl. v. 17. 1. 1957 — 1 BvL 4/54).

494) A. a. O., S. 418 r.

495) Vgl. a. a. O.

496) Vgl. dazu o. S. 58 ff.

497) Vgl. hierzu o. S. 51 f.

neuer gesetzlicher Maßnahmen bindet, wenn sie zum Schutz von Ehe und Familie unumgänglich werden.

Wie er diese Pflicht erfüllen will, steht ihm hier ebenso frei wie etwa bei der Schaffung der durch Art. 101, Abs. 1, S. 2 GG zwingend geforderten gesetzlichen Zuständigkeitsregeln[498]). Dem Verfassungsgeber kommt es vornehmlich immer nur darauf an, daß überhaupt diejenigen Handlungsaufträge vollzogen werden, die er dem Gesetzgeber im Grundgesetz erteilt hat. Auf bestimmte Modalitäten legt er ihn nur insoweit fest, als er gleichzeitig direktive Richtlinien für die inhaltliche Ausgestaltung der gebotenen Rechtsetzung aufstellt (vgl. etwa Art. 4, Abs. 3, S. 2 GG und Art. 104, Abs. 2, S. 4 GG: „Das Nähere"). Gebunden ist die Legislative durch Art. 1, Abs. 3 GG in allen Fällen nicht nur bei der Entscheidung über das „Wie" ihres Handelns, sondern daneben auch in ihrer Entschließung über das „Ob" und „Ob überhaupt" ihres Tätigwerdens.

An dieser Bindungskraft ändert auch nichts die Tatsache, daß der Grundrechtekatalog für die Erfüllung der in ihm enthaltenen Rechtsetzungspflichten ausdrücklich keinerlei Fristen vorsieht. Ihre mangelnde Rechtsgeltung, d. h. ihr Programmcharakter könnte daraus nur gefolgert werden, wenn angenommen werden müßte, daß sie dem Gesetzgeber völlig freie Hand bei der Wahl des zu ihrer Verwirklichung einzuhaltenden Zeitpunktes ließen. Denn einem rechtlichen Verhaltensbefehl zur Vornahme einer bestimmten Handlung könnte in der Tat verpflichtende Kraft nicht beigemessen werden, wenn es im freien Belieben des Gebotsadressaten stünde, das „Wann" seiner Erfüllung nach eigener Wahl zu bestimmen. Weil er solchenfalls auch ganz davon absehen könnte, überhaupt noch tätig zu werden, müßte allerdings die dem Wesen der Gebotsnorm eigentümliche Bindung in der *Vornahme* der geforderten Handlung geleugnet werden.

Einen solchen Willen darf jedoch dem Verfassungsgeber dort, wo er dem Gesetzgeber aufgegeben hat, bestimmte Materien rechtssatzmäßig zu normieren, nicht unterstellt werden. Vielmehr muß bei allen Regelungsaufträgen des Grundgesetzes angenommen werden, daß sie nach seiner Intention innerhalb einer als *angemessen* anzusehenden Frist zu erfüllen sind[499]). Denn „wenn der Verfassunggeber dem Gesetzgeber Befehle erteilt, so sind diese Befehle, auch wenn sie nicht befristet sind, keineswegs für einen Zeitpunkt gedacht, der

[498]) Vgl. Bettermann, Unabhängigkeit, S. 566: „Er verpflichtet den Gesetzgeber, jedem seinen gesetzlichen Richter zu geben und den Zuständigkeitsbereich des Richters zu bestimmen, dem niemand entzogen werden darf ... Den gesetzlichen Richter kann nur der Gesetzgeber gewähren, der dazu verpflichtet ist."

[499]) So auch Maunz-Dürig, Art. 21 GG, Randnr. 47, zu dem noch ausstehenden Parteingesetz. Ebenso Jellinek, G., Gesetz, S. 271 f.: „Auch in diesen Fällen jedoch ist der dies, bis zu welchem das Gesetz zu schaffen ist, zwar nicht incertus an, aber doch mehr oder minder incertus quando."

in nebelhafter Ferne liegt, sondern der Verfassungsbefehl ist binnen angemessener Frist vom Gesetzgeber auszuführen"[500]).

In diesem Sinne sind solche Handlungsgebote auch ohne ausdrückliche Fristbindung zeitlich nicht gänzlich unbegrenzt und damit wirkungslos, sondern in der Weise fristgebunden, daß sie dem Gesetzgeber nur diejenige Zeitspanne belassen, deren er unter Berücksichtigung von Dringlichkeit und Schwierigkeit der zu regelnden Materie zur Verabschiedung der gebotenen Rechtsetzung verständigerweise bedarf. „Aus Willkür etwa dürfte die Schaffung eines versprochenen Gesetzeswerkes nicht unterlassen werden"[501]).

Welche Frist hiernach im Einzelfall als angemessen anzusehen ist[502]), bedarf vorliegend keiner Erörterung, weil über das „Wann" der Erfüllung eines Gesetzgebungsauftrages im Rahmen einer Unterlassungsbeschwerde nicht prozessual, sondern allein materiell zu befinden ist. In diesem Zusammenhang genügt die Feststellung, daß die Normativität von „Programmsätzen", d. h. der in ihnen statuierte Handlungszwang, auch nicht darum in Abrede gestellt werden kann, weil der Grundrechtekatalog regelmäßig keine bestimmten Fristen vorsieht, binnen deren der Gesetzgeber handeln m u ß , sofern er sich noch verfassungsmäßig verhalten will.

Nach alledem läßt sich die herkömmliche Unterscheidung von unverbindlichem Programm und positivem Recht im Geltungsbereich des Grundgesetzes nicht mehr aufrechterhalten. Sie ist gegenwärtig allerdings nicht schon deshalb überholt, weil alle Grundrechtsbestimmungen für Verwaltung und Rechtsprechung ausnahmslos auch ohne gesetzliche Durchnormierung unmittelbar geltendes Recht darstellen. Denn das Recht, das der Verfassungsgeber dem Gesetzgeber zu setzen aufgegeben hat, ist trotz des Art. 1, Abs. 3 GG für die rechtsanwendenden Gewalten ohne Ausführungsgesetz nicht vollziehbar und besitzt insoweit über den Wert als Auslegungsgrundsatz und gegebenenfalls als verfassungsrechtliche Wertentscheidung hinaus auch keine „mittelbare Geltung"[503]).

Die Unhaltbarkeit der früheren Alternative von Programm und positivem Recht ergibt sich jedoch für diese auf positives Tun abzielenden Grundrechtsnormen aus ihrer normativen Geltung für die Legislative. Denn Art. 1, Abs. 3 GG aktualisiert und positiviert auch diejenigen Grundrechtssätze zu objektivem Verfassungsrecht, die den Gesetzgeber in der Vornahme bestimmter Rechtsetzungsakte binden. Unrichtig ist deshalb die Annahme, Programmcharakter eines Rechtssatzes ohne Aktualität der Rechtsgeltung liege sicher dann vor,

---

500) Krüger, Hildeg., Programmsatz, S. 358 l.
501) Maunz, Normen, S. 147.
502) Vgl. dazu Krüger, Hildeg., Programmsatz, S. 358 l.
503) So aber fälschlich v. Mangoldt-Klein, Art. 1 GG, V 3 d. Insoweit zutreffend Böckenförde, S. 16, Fußnote 7.

wenn der Inhalt des Rechtssatzes lediglich in einer Verheißung bestehe, etwa in der Ankündigung, daß ein modernes Schulrecht oder ein soziales Arbeitsrecht geschaffen werden soll[504]). „Ist die Verheißung einer bestimmten Gesetzgebung zum Verfassungsrechtssatz erhoben, so ist der Gesetzgeber" — wie das Bundesverfassungsgericht zutreffend entschieden hat — „vielmehr gebunden, die Verheißung zu erfüllen, und er verletzt die Verfassung, wenn er es unterläßt, den Verfassungsauftrag in angemessener Frist auszuführen"[505]).

Solche zwingenden Handlungsbefehle unterschiedslos als Programmsätze zu bezeichnen, „bedeutet angesichts der im Gebrauch dieses Begriffs liegenden Abwertung zugleich eine Abwertung der verfassungsrechtlichen Bindungen des Gesetzgebers"[506]). In der bislang höchst unklaren und verworrenen Terminologie[507]) sollte deshalb in der Tat unterschieden werden „zwischen bloß deklamatorischen oder unverbindlich verheißenden Äußerungen der Verfassungen[508]) und zwischen solchen Verfassungsrechtssätzen, die zwar nicht Verwaltung und Rechtsprechung, wohl aber den Gesetzgeber eindeutig rechtlich verpflichten und die insofern und mit dieser Beschränkung doch auch ‚aktuelles' Recht darstellen"[509]).

Da aber der Grundrechtekatalog nichtssagende Deklamationen, die auch für den Gesetzgeber nicht ausführbar sind und denen allein die Bezeichnung „Programmsatz" vorbehalten bleiben sollte (vgl. etwa Art. 125, Abs. 1, S. 1 der Bayerischen Verfassung vom 2. 12. 1946: „Gesunde Kinder sind das köstlichste Gut eines Volkes"), erfreulicherweise nicht mehr aufgenommen hat, ist gegenwärtig die Annahme von Programmsätzen mit der geltenden Verfassungslage weder rechtlich noch tatsächlich zu vereinbaren.

4. Art. 6, Abs. 5 GG als zwingender Rechtsetzungsauftrag des objektiven Verfassungsrechts

Ein klassisches Schulbeispiel für die vorstehend allgemein nachgewiesene Unhaltbarkeit der Alternative von Programm und aktuellem Recht stellt im besonderen die zum Ausgangspunkt jener Erörterungen gemachte Bestimmung des Art. 6, Abs. 5 GG dar. Denn sie vereinigt in sich in geradezu idealer Weise alle Voraussetzungen einer

---

504) So aber Maunz, Normen, S. 147.

505) BVerfG, NJW, 1958, S. 2059 r. (Beschl. v. 23. 10. 1958 — 1 BvL 45/56).

506) Bachof, Besprechung, S. 399.

507) Vgl. etwa Leibholz, Gleichheit, S. 213 f., Nöfer, S. 117, und v. Mangoldt-Klein, Art. 6 GG, V 1: „... rechtlich bindende Anweisung (Programmsatz) ..."

508) Vgl. dazu die Beispiele bei v. Mangoldt-Klein, Vorbem. A VI 1 vor „Die Grundrechte".

509) Bachof, a. a. O. Zustimmend Maunz-Dürig, Art. 1, Abs. 3 GG, Randnr. 95, Fußnote 4.

konkreten und zumindest für den Gesetzgeber vollziehbaren Rechtsetzungspflicht von unmittelbarer Geltungskraft. Sie spricht von vornherein als Vollzugsadressat den Funktionsbereich der einfachen Bundesgesetzgebung an und schließt durch die Wendung „sind zu schaffen" jeden vernünftigen Zweifel an der Verpflichtungsqualität dieses Gebotsbefehls aus. Die entschiedene Sprache dieser Formulierung gestattet nicht, jenen Verfassungssatz als bloße Empfehlung und unverbindliche Ankündigung einer Reform des geltenden Unehelichenrechts aufzufassen, sie kennzeichnet ihn vielmehr als einen Imperativ, und zwar als einen solchen, der ein rechtliches Müssen im Sinne eines zwingenden Handlungsauftrages statuiert.

Selbst wenn er von den Schöpfern des Grundgesetzes in Anlehnung an Art. 121 der Weimarer Reichsverfassung als Programmsatz verstanden worden sein sollte[510]), so vermag dies an seiner wahren Rechtsnatur als einer verpflichtenden Gebotsnorm nichts zu ändern. Denn nach der auch im Verfassungsrecht herrschenden sog. objektiven Auslegungstheorie[511]) ist „die subjektive Vorstellung der am Gesetzgebungsverfahren beteiligten Organe oder einzelner ihrer Mitglieder über die Bedeutung einer Bestimmung nicht entscheidend"[512]). Für die Auslegung des Verfassungsgesetzes ist maßgebend allein der in diesem zum Ausdruck kommende „objektivierte Wille des Gesetzgebers, so wie er sich aus dem Wortlaut der Gesetzesbestimmung und dem Sinnzusammenhang ergibt, in den diese hineingestellt ist"[513]). Die Entstehungsgeschichte, von deren Zufälligkeit die auszulegende Norm zu lösen ist[514]), kann nur zur Bestätigung des so gewonnenen Auslegungsergebnisses herangezogen werden[515]). Widerspricht sie dem objektiven Willen der Verfassung oder ist der subjektive Wille der Verfassungsschöpfer in ihm nicht zum Ausdruck gelangt, so entscheidet allein das auf Grund grammatikalischer, systematischer und historischer Auslegung gewonnene Ergebnis[516]).

Sowohl der Wortlaut des Art. 6, Abs. 5 GG als auch der juristische Charakter des Grundgesetzes schlechthin sowie die geschichtlich neuartige Grundrechtsbindung des Gesetzgebers kennzeichnen ihn jedoch eindeutig als bindenden Handlungsauftrag, so daß einem etwa entgegenstehenden Willen des Parlamentarischen Rates keinerlei Bedeutung zukommen könnte[517]). Abwegig ist in ihrer Allgemeinheit auch

---

[510]) Vgl. zur Entstehungsgeschichte v. Doemming-Füßlein-Matz, S. 92 ff., sowie Brunner, S. 44 ff.

[511]) Vgl. dazu Maunz, Staatsrecht, S. 48 f.

[512]) BVerfGE, Bd. 1, S. 312 (Urt. v. 21. 5. 1952 — 2 BvH 2/52) = NJW, 1952, S. 737 l., Leitsatz b).

[513]) A. a. O.

[514]) So Leibholz, Gleichheit, S. 14. Vgl. auch S. 230.

[515]) So BVerfGE, Bd. 1, S. 312.

[516]) Vgl. dazu v. Mangoldt-Klein, Einleitung, IV 6.

[517]) Vgl. Brunner, S. 51 f.: „Die Stellung des unehelichen Kindes sollte

die Annahme, der Wortlaut des Art. 6, Abs. 5 GG widerspreche tatsächlich dem Art. 1, Abs. 3 GG[518]), von dem er durch die Worte „sind durch die Gesetzgebung" ausdrücklich abweiche[519]). Denn Art. 1, Abs. 3 GG will die nachfolgenden Grundrechtsbestimmungen zu unmittelbar geltendem Recht nur für den, den es angeht, aktualisieren. Da er sich aber in gleicher Weise auch an die Adresse des Gesetzgebers wendet und Art. 6, Abs. 5 GG nur diesen verpflichten will, kann weder von einem Widerspruch noch von einer Abweichung die Rede sein. Richtig ist allerdings, daß sich aus Art. 1, Abs. 3 GG die „unvermittelte" Aktualität des Art. 6, Abs. 5 GG für Verwaltung und Rechtsprechung nicht mit Erfolg begründen läßt[520]), weil letztere Bestimmung durch erstere „keine stärkere Norm werden kann als sie es ohnehin wäre"[521]). Sie bedarf vielmehr insoweit zu ihrer Positivität einer gesetzlichen Reform des geltenden Unehelichenrechts, die folgerichtig Art. 1, Abs. 3 GG nur dem Gesetzgeber zwingend gebietet.

Wollte man annehmen, daß er der Legislative das „Wann" eines Anpassungsgesetzes gänzlich freistelle[522]), so könnte, recht verstanden, von einer Bindung in der Vornahme eines solchen Gesetzes nicht die Rede sein. In Wahrheit steht aber auch hier der Mangel einer für die Auftragserfüllung ausdrücklich vorgeschriebenen fixen zeitlichen Frist, von deren Einhaltung ihre Verfassungsmäßigkeit abhängt, dieser Gebundenheit nicht entgegen. Denn der Zeitpunkt zur Reform des bestehenden Unehelichenrechts ist dem Gesetzgeber nicht „völlig unbeschränkt" anheimgestellt[523]), sie muß vielmehr innerhalb derjenigen Zeitspanne in Angriff genommen werden, die zur Neuregelung der Materie unbedingt erforderlich ist. Eine Verzögerung über die zur Ausarbeitung und Verabschiedung eines Entwurfs benötigte Zeit[524]) hinaus ist deshalb ebenso verfassungswidrig, wie wenn das Parlament den ihm obliegenden Handlungsauftrag niemals erfüllen würde.

Daraus folgt, daß eine Verfassungsbeschwerde, die feststellen lassen wollte, daß der Gesetzgeber verfassungswidrig handle, wenn er es weiterhin unterlasse, das durch Art. 6, Abs. 5 GG gebotene

---

nach den Absichten des Parlamentarischen Rates nur in einem Programmsatz geregelt werden ..."

518) So a. a. O., S. 44.

519) So v. Mangoldt-Klein, Art. 6 GG, VI 1.

520) So aber fälschlich Krüger, Hildeg., Programmsatz, S. 357 r.

521) Maunz, Normen, S. 147 f.

522) So aber Maunz-Dürig, Art. 1, Abs. 3 GG, Randnr. 95, Fußnote 4: „Art. 1 III in Verbindung mit Art. 6 V stellen ihm schließlich nur das ‚Wann', nicht aber das ‚Ob' frei."

523) So unrichtig Brunner, S. 140.

524) Vgl. hierzu die bereits vorliegenden Reformvorschläge bei Hübner, S. 13 ff. und S. 49 ff.

Gleichstellungsgesetz zu verabschieden, bei Fehlen anderer prozessualer Mängel als zulässig behandelt werden müßte[525]).

In diese Richtung weist auch der schon erwähnte, allerdings im Vorlageverfahren nach Art. 100 GG ergangene Beschluß des Bundesverfassungsgerichts vom 23. 10. 1958, in dem erstmalig die aktuelle Geltung des Art. 6, Abs. 5 GG für die Legislative hervorgehoben wird[526]). Obwohl seine Funktion als verfassungsrechtliche Wertentscheidung für Verwaltung und Rechtsprechung zur Entscheidung der vorgelegten Verfassungsfrage (der Grundgesetzmäßigkeit des § 644 ZPO) als ausreichend bezeichnet wurde[527]), stellt das Gericht darüber hinaus fest, Art. 6, Abs. 5 GG enthalte einen bindenden Auftrag an den Gesetzgeber, der die Verfassung verletze, wenn er es unterlasse, den Verfassungsauftrag in angemessener Frist auszuführen[528]). Es verweist hierzu auf seinen früheren Beschluß vom 20. 2. 1957, in dem die Verfassungsbeschwerde erstmalig auch gegen Grundrechtsverletzungen durch gesetzgeberische Untätigkeit eröffnet wurde und deutet damit selbst die Möglichkeit einer auf Art. 6, Abs. 5 GG gestützten Unterlassungsbeschwerde an[529]).

Die für ihre Zulässigkeit zunächst erforderliche Voraussetzung einer konkreten Rechtsetzungspflicht von normativer Geltung wird jedenfalls mit der zutreffenden Begründung bejaht, das Ob und Wann der Erfüllung dieses Gesetzgebungsauftrages liege nicht im freien Belieben des Gesetzgebers. Denn das Grundgesetz wolle auch in Art. 6, Abs. 5 GG ernster genommen werden, als es die inhaltsgleiche Bestimmung des Art. 121 der Weimarer Reichsverfassung von der Gesetzgebungspraxis genommen worden sei[530]).

---

525) So offenbar auch Pfeiffer, S. 12.
526) BVerfG, NJW, 1958, S. 2059 f. (Beschl. v. 23. 10. 1958 — 1 BvL 45/56).
527) A. a. O., S. 2060 l.
528) A. a. O., S. 2059 l., Leitsatz b).
529) A. a. O., S. 2059 r.
530) A. a. O.

Dritter Abschnitt

DIE ALLGEMEINEN ZULÄSSIGKEITSVORAUSSETZUNGEN DER VERFASSUNGSBESCHWERDE GEGENÜBER UNTERLASSUNGEN DES GESETZGEBERS

Die Behauptung einer dem Gesetzgeber obliegenden konkreten Handlungspflicht ist zwar — wie im zweiten Abschnitt eingehend dargelegt — die erste und wichtigste Bedingung für die Zulässigkeit einer Unterlassungsrüge, sie reicht jedoch für sich allein nicht aus, um die Gefahr einer prozessualen Abweisung zu vermeiden. Zu diesem Zweck müssen zu ihr vielmehr diejenigen Prozeßvoraussetzungen hinzutreten, die für alle Arten von Verfassungsbeschwerden vorhanden sein müssen, gleichviel, ob sie sich gegen ein positives oder ein negatives Verhalten der öffentlichen Gewalt richten.

Zur Klärung der den Gegenstand vorliegender Untersuchung bildenden Fragestellung bedürfen diese allgemeinen Zulässigkeitsvoraussetzungen nachfolgend jedoch nur insoweit der Erörterung, als sie durch die Besonderheiten des Beschwerdegrundes einer gesetzgeberischen Unterlassung problematisch werden, gegenüber der Anfechtung positiver Hoheitsakte Abweichungen erfahren oder gänzlich in Wegfall kommen.

Problematisch wird insbesondere das Erfordernis der Verletzung individueller Rechte, das die zunächst zu behandelnde grundsätzliche Frage nach der Möglichkeit eines subjektiven Rechtsanspruches auf Erfüllung einer Gesetzgebungspflicht des objektiven Verfassungsrechts aufwirft.

Das sodann erörterte Erfordernis der eigenen und gegenwärtigen Grundrechtsbeschwer bedingt zwar teilweise auch die Zulässigkeit der Anfechtung positiver Maßnahmen der öffentlichen Gewalt, gilt aber für die Rüge verfassungswidriger Unterlassungen nur mit den sich aus der Eigenart einer rechtlichen Unterlassungsbeschwer ergebenden Modifizierungen. Es bedarf daher schon aus diesem Grunde einer kurzen, beispielhaften Erläuterung.

Abschließend ist auf die Bedeutungslosigkeit der allgemeinen Prozeßvoraussetzungen der Rechtswegerschöpfung und der Fristwahrung für die Zulässigkeit einer Rüge verfassungswidriger Unterlassungen einzugehen, deren Vorhandensein ausschließlich die Zulässigkeit einer gegen positive Hoheitsakte gerichteten Verfassungsbeschwerde bedingt.

A. Das Erfordernis des subjektiven Rechtsanspruchs auf Vornahme des objektiv-rechtlich gebotenen Rechtsetzungsaktes

Wer eine durch Unterlassen begangene Grundrechtsverletzung des Gesetzgebers rügen will, hat zur Zulässigkeitsbegründung seiner hiergegen gerichteten Verfassungsbeschwerde über die Behauptung einer Rechtspflicht zum Tätigwerden hinaus darzulegen, daß diese Rechtspflicht ihm, dem Beschwerdeführer, die individuelle Berechtigung verleihe, ihre Erfüllung vom Gesetzgeber verlangen zu dürfen[531]. Denn § 90, Abs. 1 BVerfGG versteht den Begriff „Grundrecht"[532] — was nirgends in Zweifel gezogen wird — nicht ausschließlich in seiner Bedeutung als Norm des objektiven Verfassungsrechts, sondern im Sinne eines aus dieser objektiven Norm fließenden und sie begrifflich voraussetzenden subjektiv-öffentlichen Rechts[533]. Er stimmt damit auch insoweit mit dem Begriff der Rechtsverletzung in Art. 19, Abs. 4 GG überein, der nach einhelliger Auffassung nur erfüllt ist, wenn sich die objektive Normwidrigkeit zugleich als Beeinträchtigung einer subjektiven Berechtigung darstellt[534].

Da aber — wie oben ausgeführt — Art. 19, Abs. 4 GG durch § 90 BVerfGG konkretisiert und spezialisiert wird[535], besteht kein Anlaß, diese Bestimmung enger auszulegen als jene. Von dem Erfordernis der Verletzung individueller Rechte als einer allgemeinen Zulässigkeitsvoraussetzung der Verfassungsbeschwerde kann solange nicht abgewichen werden, als dieser „spezifische Rechtsbehelf des Bürgers gegen den Staat"[536] erkennbar in den Dienst des Einzelnen und der Durchsetzung seiner persönlichen Rechte gestellt ist[537]. Gerade hierin besteht sein grundlegender Unterschied zur abstrakten und konkreten Normenkontrolle, die als objektive Verfahren ihrem Wesen nach lediglich dem Schutz und der Bewahrung des objektiven Verfassungsrechts dienen[538]. Den gleichen Zweck verfolgt neben dem Individualrechtsschutz gewiß auch die Verfassungsbeschwerde, allein diese Sekundärfunktion vermag sie nur zu erfüllen, soweit objektive Grundrechtsnormen gleichzeitig dem Einzelnen die zu ihrer Durchsetzung erforderliche subjektive Willensmacht verleihen[539], die herkömmlich als das Kriterium des subjektiv-öffentlichen Rechts angesehen wird[540]. Denn nur insoweit kann eine objektive Verfassungswidrig-

---

531) So auch Pfeiffer, S. 12.
532) Vgl. dazu o. S. 6 f.
533) Vgl. zum Wesen des subjektiven Rechts Nawiasky, S. 152 ff.
534) Vgl. Maunz-Dürig, Art. 19, Abs. 4 GG, Randnr. 29 und Randnr. 33 ff.
535) Vgl. o. S. 34.
536) BVerfGE, Bd. 4, S. 30 (Beschl. v. 20. 7. 1954 — 1 PBvU 1/54) = NJW, 1955, S. 17 l. Vgl. auch Pfeiffer, S. 1 f.
537) Abweichend Wintrich-Lechner, S. 668 f.
538) Vgl. Pfeiffer, S. 306.
539) Dies verkennen Wintrich-Lechner, S. 668 f., und Pfeiffer, S. 265.
540) Vgl. dazu Bachof, Reflexwirkungen, S. 291 ff.

keit der Kontrolle des Bundesverfassungsgerichts überhaupt unterworfen werden.

Eine von solchen individuellen Berechtigungen unabhängige Klage auf Vollzug nur objektiven Verfassungsrechts ist positiv-rechtlich mit § 90, Abs. 1 BVerfGG und im übrigen auch mit Art. 19, Abs. 4 GG unvereinbar[541]). Denn beide Bestimmungen schützen durch die Worte „in s e i n e n Grundrechten" bzw. „in s e i n e n Rechten" nur die Verletzung e i g e n e r, dem Beschwerdeführer zustehender Rechte und schließen nach herrschender Auffassung damit ausdrücklich die sog. Popularklage aus, durch die nur Interessen der Allgemeinheit geltend gemacht werden[542]). Sie würde jedoch gleichsam durch die Hintertür wieder eröffnet, wenn eine Verfassungsbeschwerde zur Durchsetzung nur objektiver, nicht zugleich subjektive Rechte begründender Grundrechtsnormen zugelassen würde.

Das Bundesverfassungsgericht hat deshalb in seinem Beschluß vom 7. 7. 1955 zutreffend entschieden, daß nur die Verletzung individueller Rechte eine Verfassungsbeschwerde rechtfertigen könne[543]). Es verneint damit stillschweigend die zunächst noch offen gelassene Frage, ob auch die Verletzung sog. institutioneller Garantien, die als solche keine Individualrechte zu erzeugen vermögen[544]), gemäß § 90 BVerfGG in zulässiger Weise gerügt werden kann[545]). Die Tatsache, daß als „Grundrechte" im Sinne dieser Bestimmung nur subjektiv-öffentliche Rechte zu verstehen sind, wird schließlich im Beschluß vom 14. 5. 1957 mit der Begründung bestätigt, die Anführung der Art. 38 und 33 GG in § 90 BVerfGG meine diese Artikel nicht in ihrem ganzen Umfang, sondern nur soweit sie in ähnlicher Weise wie die übrigen Artikel des Grundgesetzes, in die sie hier eingereiht seien, Individualrechte garantierten[546]).

Ist somit davon auszugehen, daß auch eine Verfassungsbeschwerde gegenüber legislatorischen Unterlassungen bereits prozessual einen s u b j e k t i v e n Rechtsanspruch des Antragstellers voraussetzt, so müßte sie ohne sachliche Prüfung stets als unzulässig verworfen werden, wenn ein solcher Rechtsanspruch, der sich hier als Anspruch auf ein H a n d e l n des Gesetzgebers darstellt, grundsätzlich verneint werden müßte[547]).

---

541) Unrichtig daher Hamann, Kommentar, Art. 19 GG, 12.

542) Vgl. etwa Maunz-Dürig, Art. 19, Abs. 4 GG, Randnr. 38, und Geiger, Kommentar, § 90 BVerfGG, 4: „§ 90 gibt keine Popularklage."

543) BVerfGE, Bd. 4. S. 210 (Beschl. v. 7. 7. 1955 — 1 BvR 635/52) = NJW, 1955, S. 1313 l.

544) Vgl. dazu Maunz-Dürig, Art. 1, Abs. 3 GG, Randnr. 97 ff.

545) Vgl. BVerfGE, Bd. 3, S. 333 (Urt. v. 26. 2. 1954 — 1 BvR 371/52).

546) BVerfGE, Bd. 6, S. 445 (Beschl. v. 14. 5. 1957 — 2 BvR 1/57) = NJW, 1957, S. 1025 r.

547) So auch Lechner, Zulässigkeit, S. 1818 l.

Es bedarf deshalb der Erörterung, ob überhaupt konkrete Gesetzgebungsaufträge des objektiven Verfassungsrechts dem Einzelnen diejenige Willensmacht zu gewähren vermögen, die einen zwingenden Rechtssatz erst zum subjektiven Recht erstarken läßt, nämlich die Willensmacht, seine Befolgung vom Gesetzgeber verlangen zu dürfen.

Diese Frage ist im folgenden zunächst allgemein und im besonderen sodann im Hinblick auf die sich aus Art. 1, Abs. 1, S. 2 GG ergebenden Rechtsetzungspflichten[548]) zu untersuchen.

I. Die grundsätzliche Möglichkeit eines Individualrechts auf Tätigwerden des Gesetzgebers

Daß in der deutschen Rechtstradition die Möglichkeit eines subjektiv-öffentlichen Rechts auf positives Handeln des Gesetzgebers bislang einmütig verneint, ja geradezu als absurd empfunden worden ist[549]), beruht neben der positivistischen Überzeugung von der rechtlich ungebundenen Autonomie des rechtsetzenden Staatswillens[550]) auf der Annahme, der Gesetzgeber könne niemals im individuellen, sondern stets nur im Gemeininteresse tätig werden[551]). Von dieser Annahme her erklärt sich die seit jeher herrschende Auffassung, subjektiv-öffentliche Rechte seien nur auf dem Gebiet der Verwaltung und der Justiz gegeben. Begrifflich undenkbar seien sie auf dem Gebiet der Gesetzgebung. Ein Recht gegenüber der Legislative, daß diese sich in einer bestimmten Richtung hin in Bewegung setze, erscheine widersinnig[552]).

In der Gegenwart erweist sich freilich die überlieferte These von der Unmöglichkeit gesetzgeberischer Akte als Objekt individueller Forderung zumindest insoweit als unhaltbar, als die Legislative zu ihrer Vornahme durch zwingende Verfassungsrechtssätze des Grundrechtekatalogs oder der in § 90, Abs. 1 BVerfGG diesen gleichgestellte Bestimmungen verpflichtet wird[553]). Denn jene Grundrechtsnormen sind ebensowenig wie alle übrigen nicht nur im Interesse der Allgemeinheit geschaffen, sie dienen vielmehr bereits ihrer begrifflichen Zweckbestimmung nach dem speziellen Schutz derer, die durch

---

548) Vgl. dazu o. S. 58 ff.

549) Vgl. etwa Thoma, System, S. 609, und Jellinek, G., System, S. 80, Fußnote 1: „Daß Individualansprüche an die Gesetzgebung unmöglich sind, kann als communis opinio gelten."

550) Vgl. dazu o. S. 21 f., sowie Thoma, Grundbegriffe, S. 138 ff.

551) So Jellinek, G., System, S. 97: „Rechtsnormen können im individuellen Interesse statuieren, sie selbst werden stets im Gemeininteresse festgesetzt."

552) So Stier-Somlo, S. 101 f.

553) A. A. Bachof, Vornahmeklage, S. 17 f., v. Turegg, S. 41 f., und Bettermann, Grundrechte, S. 840, Fußnote 332: „... wie i. d. R. auch kein mit der Verfassungsbeschwerde verfolgbarer Anspruch auf Handeln des Gesetzgebers besteht."

den Erlaß des geforderten Gesetzes begünstigt werden. Diese Begünstigung als ungewollte, rein zufällig-tatsächliche Reflexwirkung des objektiven Verfassungsrechts auffassen zu wollen[554]), würde die Intention des Verfassungsgebers, wie sie in Art. 1, Abs. 3 GG zum Ausdruck kommt, in ihr Gegenteil verkehren. Art. 1, Abs. 3 GG qualifiziert nämlich die Grundrechtsbestimmungen nicht nur zu aktuellem objektivem Recht[555]), er meint vielmehr „im Regelfall die Wendung ‚nachfolgende Grundrechte‘ buchstäblich und aktualisiert die nachfolgenden Grundrechtsnormen zu subjektiven Rechten (Berechtigungen, Ansprüchen)“[556]). Er bejaht damit in authentischer Weise die für die Entstehung von Individualrechten entscheidende Frage, ob die nachfolgenden Grundrechtssätze der Befriedigung von Individualinteressen bestimmt sind[557]), ebenso wie die weitere Voraussetzung eines subjektiv-öffentlichen Rechts, daß der so bewußt und gewollt Begünstigte ihre Befolgung soll verlangen dürfen[558]).

Das Bundesverfassungsgericht hat dieses Auslegungsergebnis mit der Feststellung bestätigt, Art. 1, Abs. 3 GG kennzeichne nicht nur grundsätzlich die Bestimmungen des Grundrechtsteiles als unmittelbar geltendes Recht, sondern bringe zugleich den Willen des Verfassungsgebers zum Ausdruck, daß der Einzelne sich der öffentlichen Gewalt gegenüber auf diese Normen als auf Grundrechte im Zweifel soll berufen können[559]).

Charakterisiert aber Art. 1, Abs. 3 GG in authentischer und daher die Auslegung bindender Weise die nachfolgenden Grundrechtsnormen als subjektive Berechtigungen, so ist kein vernünftiger Grund ersichtlich, diese Qualifizierung jenen Grundrechtssätzen vorzuenthalten, die dem Gesetzgeber positive Handlungspflichten auferlegen. Daß den Grundrechtsnormen des negativen Status, die der Legislative umgekehrt die Unterlassung verfassungsmäßig ungedeckter Eingriffe in den geschützten Freiheitsraum zur Pflicht machen, dem Einzelnen eine auf Einhaltung dieser Verbote gerichtete individuelle Berechtigung gewähren, wird heute nirgends mehr in Zweifel gezogen[560]). „Die früheren Meinungen, die den Grundrechten den Charakter subjektiver Rechte abstritten[561]), sind trotz der Berühmtheit ihrer Ver-

---

554) Vgl. dazu Bachof, Reflexwirkungen, S. 296 ff.

555) Vgl. o. S. 86 ff.

556) Maunz-Dürig, Art. 1, Abs. 3 GG, Randnr. 96. Ebenso v. Mangoldt-Klein, Art. 1 GG, V 2, sowie Wertenbruch, S. 137 f. A. A. Löw, Würde, S. 518.

557) Vgl. dazu Bachof, Reflexwirkungen, S. 296 ff.

558) Vgl. Bachof, a. a. O., S. 299 ff.

559) BVerfG, NJW, 1957, S. 1065 l. (Beschl. v. 7. 5. 1957 — 1 BvR 289/56).

560) Vgl. etwa v. Mangoldt-Klein, Vorbem. A VI 2 c) vor „Die Grundrechte“.

561) Vgl. dazu a. a. O., A VI 2, sowie Voigt, S. 115 ff.

treter (Otto Mayer, Laband u. a.) nur noch rechtshistorisch interessant"[562]).

Ebensowenig aber normieren diejenigen Grundrechtsbestimmungen, die ein positives legislatorisches Handeln gebieten, nicht nur eine objektive Verpflichtung zugunsten des jeweils begünstigten Personenkreises, sie verleihen jedem einzelnen Individuum, das diesem Personenkreis angehört[563]), gleichzeitig auch die subjektive Willensmacht zur Durchsetzung des der Norm entsprechenden Handelns. Wer dies leugnet, verkennt den im Grundgesetz zum Ausdruck kommenden Auffassungswandel vom Verhältnis des Individuums zum Staat, das für die Anerkennung von subjektiven Rechten maßgebend ist[564]).

Wenn Art. 1, Abs. 1 GG als Ausgangswert des Grundrechtekatalogs sich zum „Primat der menschlichen Persönlichkeit und zu ihrem Vorrang vor den Staatsinteressen" bekennt[565]), so weist er damit dem Einzelnen eine Rechtsstellung zu, in der er nicht mehr als Objekt, sondern als Subjekt allen staatlichen Handelns und folgerichtig auch als Subjekt einer grundrechtlich normierten Gesetzgebungspflicht erscheint.

Die Beschränkung auf eine bloße Objektstellung wäre zudem dort, wo der Gesetzgeber soziale Grundrechte zu verwirklichen hat, unsozial (Art. 20 GG) und unrechtsstaatlich (Art. 19, Abs. 4 GG), da sie gerade hier „die ohnehin bestehende Abhängigkeit des sozial bedürftigen Individuums vom Staate zu unerträglichen Ausmaßen steigern muß"[566]).

Die Annahme, „daß der Bürger als Grundrechtsträger (vor allem im status positivus) ein subjektives Recht auf Tätigwerden des Gesetzgebers zur Durchnormierung der grundrechtlich versprochenen Leistungsansprüche habe, z. B. nach Art. 6, Abs. 4 GG", ist deshalb nicht nur „nicht ausgeschlossen"[567]), sondern im Hinblick auf die Funktion jener Sozialrechte zwingend geboten.

Für die Annahme korrespondierender subjektiver Rechte auf Erlaß der durch Grundrechtssätze gebotenen Gesetze spricht weiter auch die für die neuere Rechtsentwicklung kennzeichnende zunehmende Erweiterung des Kreises subjektiv-öffentlicher Rechte, die insbesondere auf dem Gebiet des Verwaltungsrechts zu einer Erstarkung früher nur reflexartig geschützter Interessen zu individuell durchsetz-

---

562) Maunz-Dürig, Art. 1, Abs. 3 GG, Randnr. 96.

563) Vgl. Bachof, Reflexwirkungen, S. 297: „Auch ein Rechtssatz, der ‚alle' schützt, kann jeden einzelnen schützen, wie etwa an den Grundrechten ersichtlich ist."

564) So auch a. a. O., Leibholz, Gleichheit, S. 115 ff., und Bachof, Vornahmeklage, S. 72 f.

565) Bachof, Reflexwirkungen, S. 301.

566) A. a. O., S. 302.

567) So Maunz-Dürig, Art. 70 GG, Randnr. 2 aa).

baren Berechtigungen geführt hat[568]). Als Schulbeispiel sei hier nur der Anspruch auf Fürsorgeunterstützung genannt, dessen Klagbarkeit heute einmütig anerkannt wird[569]). Denn „es ist in der abendländischen Kulturgemeinschaft zur allgemeinen Rechtsüberzeugung geworden, daß Sinn und Zweck der Grundrechte nur verwirklicht werden können, wenn der einzelne selbst Wahrer der Grundrechte ist, ihm also ein Anspruch der öffentlichen Gewalt auf das der Grundrechtsnorm entsprechende Verhalten zusteht"[570]).

Entschieden abzulehnen ist deshalb die Ansicht, auch die konkrete Pflicht zur Gesetzgebung brauche dem Einzelnen noch kein subjektives Recht auf Erlaß eines Gesetzes zu geben. Sie könne auch als bloße Verpflichtung gegenüber dem Staat, als Ausfluß der organschaftlichen Stellung verstanden werden[571]).

Soweit die Verfassung dem Gesetzgeber außerhalb des Grundrechtekatalogs zwingende Handlungsaufträge erteilt, wie etwa zum Erlaß eines Parteiengesetzes (Art. 21, Abs. 3 GG) oder eines Richtergesetzes (Art. 98, Abs. 1 GG), steht diesen Gebotsnormen allerdings nur die Allgemeinheit, d. h. die Gesamtheit der Staatsbürger, als Berechtigte gegenüber. Ihre Verwirklichung stellt sich deshalb für den Einzelnen nicht als Erfüllung eines individuellen Anspruches, sondern nur als Reflexwirkung des objektiven Rechts dar. Das gleiche mag auch noch für die Erfüllung der dem Gesetzgeber obliegenden allgemeinen Rechtsetzungspflicht[572]) angenommen werden können[573]), weil sie in Ermangelung einer näheren rechtssatzmäßigen Konkretisierung nicht angibt, welches Tun der Anspruchsträger nach Inhalt und Umfang vom Gesetzgeber soll fordern dürfen (vgl. § 92 BVerfGG)[574]). Denn wenn die Anspruchsposition des Berechtigten durch einen objektiven Rechtssatz weder konkret bestimmt wird noch auf seiner Grundlage bestimmbar ist, kann von einem Recht im subjektiven Sinne nicht die Rede sein[575]).

Die dem Parlament innerhalb des Grundrechtekatalogs auferlegten speziellen Rechtsetzungspflichten sind inhaltlich dagegen, den Erfordernissen eines subjektiven Rechts entsprechend, entweder genügend bestimmt, so z. B. Art. 6, Abs. 5 GG oder, wie die Grundsatznormen der Art. 1, Abs. 1, S. 2, Art. 6, Abs. 1 und Abs. 4 GG, auf der Grundlage des Begriffes „schützen" zumindest bestimmbar.

---

568) Vgl. dazu a. a. O., Art. 19, Abs. 4 GG, Randnr. 34 f., sowie Bachof, Vornahmeklage, S. 84 f.

569) Vgl. die Übersicht bei v. Mangoldt-Klein, Art. 20 GG VII 2 c).

570) Wintrich, Problematik, S. 32. Zustimmend Löw, Würde, S. 519 l.

571) So Lechner, Zulässigkeit, S. 1818 l. Zustimmend Hamann, Kommentar, Einf. I D 7 a), 8.

572) Vgl. dazu o. S. 41 ff.

573) Insoweit zutreffend Lechner, Zulässigkeit, S. 1818 l.

574) Vgl. o. S. 44 ff.

575) So bereits Wertenbruch, S. 96.

Ihre Erfüllung obliegt dem Gesetzgeber primär auch nicht im Gemeininteresse, d. h. dem Staat gegenüber, sondern im individuellen Interesse des einzelnen Staatsbürgers, dessen Schutz im Vordergrund steht, wenn der Verfassungsgeber dem einfachen Gesetzgeber aufgibt, in einzelnen Bereichen der Rechtsordnung bestimmte Rechtsnormen zu erlassen. So verpflichtet etwa Art. 101, Abs. 1, S. 2 GG die Legislative zum Erlaß gesetzlicher Zuständigkeitsregeln[576]) nicht der Allgemeinheit, sondern dem e i n z e l n e n Angeklagten gegenüber, der durch die Verletzung dieser objektiven Handlungspflicht, also durch Unterlassen, dem ihm in Art. 101, Abs. 1, S. 2 GG garantierten g e s e t z l i c h e n Richter[577]) entzogen und damit in seinem subjektiven Grundrecht verletzt wird. Die Verfügungsmacht über den Rechtsschutz steht daher nicht der Gesamtheit der Staatsbürger zu, sondern dem Verletzten selbst, dem folglich gegenüber der Gesetzgebung ein mit der Verfassungsbeschwerde verfolgbarer Anspruch auf rechtssatzmäßige Zuteilung des gesetzlichen Richters zu gewähren ist.

Entsprechendes gilt für den Erlaß des Art. 6, Abs. 5 GG geforderten Anpassungsgesetzes. Denn der Verfassungsgeber bindet die Legislative nicht nur objektiv-rechtlich in der Vornahme eines solchen Gesetzes ohne gleichzeitige Begründung subjektiver Rechte[578]), vielmehr ist Art. 1, Abs. 3 GG, der diese Bindung an Art. 6, Abs. 5 GG als ein nachfolgendes „Grundrecht" ausspricht, auch hier wörtlich zu verstehen. Dies bedeutet, daß jedem unehelichen Kinde, das durch die ihm vom Verfassungsgeber versprochene Reform des geltenden Unehelichenrechts gewiß nicht nur zufällig, d. h. reflexartig, begünstigt werden soll, ein auf Erfüllung dieses Gesetzgebungsauftrages gerichteter individueller Anspruch zusteht[579]). Eine Verfassungsbeschwerde müßte deshalb auch insoweit als zulässig behandelt werden[580]).

Auch die Belange der Gesamtheit aller Bürger könnten in diesen und ähnlichen Fällen schließlich nicht besser und wirksamer geschützt werden, als dadurch, daß den einzelnen Grundrechtsinhabern, die durch die Erfüllung einer objektiven Rechtsetzungspflicht begünstigt werden sollen, das Recht auf ein der Verpflichtung entsprechendes Verhalten eingeräumt wird. Denn die Interessen der Allgemeinheit haben ebenfalls vornehmlich nur die Bewahrung des objektiven Verfassungsrechts zum Ziel und werden sich daher in aller Regel mit

---

[576]) Vgl. dazu Bettermann, Unabhängigkeit, S. 566 ff.

[577]) Vgl. hierzu Pfeiffer, S. 208 ff.

[578]) So aber fälschlich Maunz-Dürig, Art. 70 GG, Randnr. 2, bb): „Schulfall".

[579]) Ebenso Hamel, S. 21: „Es können unmittelbar Rechte und Pflichten für den Einzelnen daraus entstehen, wenn der Gesetzgeber offensichtlich seine Pflicht zur Planung verletzt."

[580]) So auch Pfeiffer, S. 12.

denen der geschützten Individuen decken[581]). „Was ist also natürlicher, als daß eben diese Personen auch das Recht haben sollen, selbst die Wahrnehmung ihrer Interessen in die Hand zu nehmen und insbesondere dort, wo das Gemeininteresse mit ihrem persönlichen Interesse zusammenfällt, die Willensmacht zur Befriedigung dieses Interesses zu besitzen?“[582]).

Auch die Auffassung, der Wortlaut der grundgesetzlichen Vorschriften zwinge in keinem Falle zur Annahme korrespondierender Rechte des Einzelnen[583]), wird zumindest in dieser Allgemeinheit widerlegt durch die ausdrückliche Erwähnung des Anspruchsbegriffes in Art. 6, Abs. 4 GG. Wenn der Verfassungsgeber darin jeder Mutter einen Anspruch auf den Schutz und die Fürsorge der Gemeinschaft gewährt, so will er diesen terminus technicus gewiß nur in der Bedeutung verstanden wissen, die § 194 BGB als das (subjektive) Recht umschreibt, „von einem anderen ein Tun oder ein Unterlassen zu verlangen“. Denn diese authentische Legaldefinition des Anspruches „hat sicherlich nicht nur Bedeutung für das moderne Zivilrecht, sondern folgt einer Nomenklatur, welche viel älter ist als § 194 BGB“[584]). Da aber jedenfalls die positive Gebotsfunktion des Art. 6, Abs. 4 GG einen zum unmittelbaren Vollzug durch Verwaltung und Rechtsprechung geeigneten präzisen Rechtsgehalt nicht aufweist, sondern nur durch tätiges Handeln des Gesetzgebers erfüllt zu werden vermag[585]), kann dem Anspruchsberechtigten („jede Mutter“) folgerichtig nur die Legilative als Anspruchsadressat gegenüberstehen. Die Möglichkeit eines subjektiv-öffentlichen Rechts auf ein Tätigwerden des Gesetzgebers ist daher in Art. 6, Abs. 4 GG vom Verfassungsgeber selbst geradezu vorausgesetzt.

Von ihr gehen ganz allgemein auch Art. 19, Abs. 4 GG sowie die zu seiner Ausführung geschaffenen Vorschriften der §§ 90 ff. BVerfGG aus, indem sie den Rechtsweg auch gegenüber Grundrechtsverletzungen des Gesetzgebers durch Unterlassen eröffnen[586]). Zwar ist nach herrschender und richtiger Ansicht „die Klagbarkeit kein Wesensmerkmal des subjektiven Rechts, wohl aber bedeutet umgekehrt die Einräumung gerichtlicher Verfolgbarkeit eines rechtlich geschützten Interesses stets die Ausgestaltung und Erhebung desselben zum subjektiven Recht“[587]). In diesem Sinne wäre die Eröffnung des

---

581) Vgl. dazu Jellinek, G., System, S. 53, und Bachof, Reflexwirkungen, S. 290.

582) Bachof, Vornahmeklage, S. 77.

583) So Lechner, Zulässigkeit, S. 1818 l.

584) Wertenbruch, S. 30.

585) Vgl. dazu o. S. 88 ff.

586) Vgl. o. S. 33 f. und S. 37 ff.

587) Bachof, Reflexwirkungen, S. 300. Ebenso Maunz-Dürig, Art. 19, Abs. 4 GG, Randnr. 34, c): „Soweit freilich ausdrücklich die Klagbarkeit anerkannt ist, kann an der Qualifikation als subjektives Recht kein Zweifel mehr bestehen.“

Rechtsweges für die Verwirklichung grundrechtlicher Handlungspflichten der Gesetzgebung nicht denkbar, wenn die entsprechenden Grundrechtsnormen nicht zugleich auch ein subjektives Recht garantierten[588]).

Daß die vom Bundesverfassungsgericht entwickelten Grundsätze über die besondere Stellung der gesetzgebenden Gewalt, die vor Eingriffen des Einzelnen geschützt werden müsse, die Annahme solcher individueller Berechtigungen nicht in Frage stellen können[589]), sollte zweifelsfrei sein. Denn dort, wo der Verfassungsgeber dem einfachen Gesetzgeber die Erfüllung konkreter Regelungsaufträge aufgegeben hat, geht es nicht um den Schutz des Gesetzgebers vor dem Einzelnen, sondern allein um den Schutz der Verfassung vor dem Gesetzgeber und seiner mangelnden Achtung vor dem Willen des pouvoir constitué. Nur außerhalb dieser zwingenden Handlungsaufträge kann die Abwehr individueller Rechtsansprüche auf Erlaß bestimmter Gesetze oder auf Gesetze mit bestimmtem Inhalt[590]) ein legitimes Anliegen an die Verfassungsgerichtsbarkeit darstellen. Denn nur insoweit kommt dem Ergebnis einer parlamentarischen Entschließung über die Vornahme eines Gesetzgebungsaktes Rang und Prädikat einer freien demokratischen Mehrheitsentscheidung zu, die als solche primär nicht im Dienste des Einzelnen steht und daher vom Einzelnen auch nicht erzwungen werden kann.

Soweit diese Entschließungsfreiheit aber durch grundrechtliche Handlungsgebote eingeengt ist, steht ihrer Subjektivierung die Struktur der geltenden Verfassung als einer repräsentativen parlamentarischen Demokratie (Art. 20, Abs. 2 GG)[591]) angesichts der Art. 1, Abs. 3 und Art. 20, Abs. 3 GG nicht entgegen.

Das Bundesverfassungsgericht hat denn auch selbst die Möglichkeit eines mit der Verfassungsbeschwerde verfolgbaren Individualrechts auf ein Handeln des Gesetzgebers im Grundsatz anerkannt. Im Beschluß vom 19. 12. 1951 hat es diese Möglichkeit zunächst nur für extreme Fälle angedeutet[592]), in seiner Entscheidung vom 20. 2. 1957 sodann aber ganz allgemein unterstellt[593]). Indem es darin erstmalig die Verfassungsbeschwerde auch gegenüber Grundrechtsverletzungen durch legislatorisches Unterlassen für zulässig erklärt, ohne den

---

588) Vgl. Jellinek, G., System, S. 106: „Denn niemals kann ein durch Rechtsmittel zu verfolgender Anspruch bloß Reflexrecht sein."

589) So aber fälschlich Lechner, Zulässigkeit, S. 1818 l.

590) Vgl. dazu BVerfG, NJW, 1957, S. 584 r. (Beschl. v. 20. 2. 1957 — 1 BvR 441/53).

591) Vgl. dazu Leibholz, Strukturwandel, S. 78 ff., und Scheuner, Grundfragen, S. 126 ff.

592) BVerfG, NJW, 1952, S. 298 l. (Beschl. v. 19. 12. 1951 — 1 BvR 220/51).

593) BVerfG, NJW, 1957, S. 584 (Beschl. v. 20. 2. 1957 — 1 BvR 441/53).

früher aufgestellten Grundsatz preiszugeben, wonach nur ein Individualrecht die Verfassungsbeschwerde rechtfertigen könne[594]), bejaht es damit stillschweigend ein dem Einzelnen zustehendes subjektives Recht auf Erfüllung der grundrechtlich normierten Gesetzgebungspflicht[595]). Im Beschluß vom 11. 6. 1958 wird schließlich jedem Beamten ein aus Art. 33, Abs. 5 GG abgeleitetes Individualrecht auf Erlaß eines den Mindestanforderungen eines angemessenen Lebensstandards entsprechenden Besoldungsgesetzes zugebilligt und zu seiner Durchsetzung die Unterlassungsbeschwerde zugelassen[596]). Die Annahme eines der objektiv-rechtlichen Verbürgung korrespondierenden Rechtsanspruches wird dabei u. a. zutreffend mit dem gewiß auch für andere absoluten Gesetzgebungsaufträge gültigen Hinweis auf die „allgemein auf Verstärkung des Rechtsschutzes des einzelnen gerichtete Tendenz des Grundgesetzes" gerechtfertigt[597]).

II. Art. 1, Abs. 1, S. 2 GG als Grundlage eines Individualanspruchs auf Erlaß spezieller Schutznormen

Vermag nach alledem die herkömmliche These von der Undenkbarkeit subjektiv-öffentlicher Rechte auf tätiges Handeln der gesetzgebenden Körperschaften einer kritischen Würdigung heute nicht mehr stand zu halten, so gilt dies im besonderen auch für die sich aus Art. 1, Abs. 1, S. 2 GG ergebenden Individualrechte.

Die zur Zeit wohl noch vorherrschende Lehre sieht in Art. 1, Abs. 1 GG ausschließlich eine aktuelle Norm des objektiven Verfassungsrechts[598]) und leugnet ihre subjektive Grundrechtsqualität[599]). Sie folgert dieses Auslegungsergebnis aus dem Wort „darum" in Art. 1, Abs. 2 GG, der Wendung „die n a c h f o l g e n d e n Grundrechte" in Art. 1, Abs. 3 GG[600]) sowie aus der Formulierung „die in den Artikeln 1 ... niedergelegten G r u n d s ä t z e" in Art 79, Abs. 3 GG[601]) und befürchtet von einer Einordnung des Art. 1, Abs. 1 GG in den Kreis selbständiger Anspruchsstützen offenbar seine Degradierung als oberster Leitidee des Grundgesetzes[602]).

Vom Boden dieser Auslegung erklärt sich denn wohl auch die speziell zum vorliegenden Problemkreis geäußerte Ansicht, Art. 1,

594) BVerfGE, Bd. 4, S. 210 (Beschl. v. 7. 7. 1955 — 1 BvR 635/52) = NJW, 1955, S. 1313 l.

595) Unrichtig daher Wintrich-Lechner, S. 675 f.

596) BVerfG, NJW, 1958, S. 1230 l. (Beschl. v. 11. 6. 1958 — 1 BvR 1/52, 46/52).

597) A. a. O.

598) Vgl. o. S. 59.

599) So insbesondere Maunz-Dürig, Art. 1, Abs. 1 GG, Randnr. 4 ff., sowie Wertenbruch, S. 30 ff., und v. Mangoldt-Klein, Art. 1 GG, V 2.

600) So etwa Maunz, Staatsrecht, S. 93 f., und Wertenbruch, S. 32.

601) Vgl. Künkele, S. 42 f.

602) So z. B. Wertenbruch, S. 30.

Abs. 1 gebe trotz der darin aller Staatsgewalt auferlegten Schutzpflicht dem Einzelnen kein subjektives öffentliches Recht auf Erlaß neuer und zusätzlicher Schutznormen[603]). Diese einer näheren Beweisführung ohnehin entbehrende Stellungnahme vermag jedoch ebensowenig zu überzeugen wie die ihr zugrundeliegende herrschende Interpretation, die dem Einzelnen die Berufung auf Art. 1, Abs. 1, S. 2 GG ganz allgemein versagt.

Mit Recht mehren sich deshalb die Gegenstimmen, die dem Versuch entgegentreten, die Schutzwirkung jenes „obersten Konstitutionsprinzips“[604]) der Verfassung für den Gewaltunterworfenen dadurch abzuschwächen, daß ihm die Tauglichkeit als Grundlage subjektiv-öffentlicher Rechte des negativen oder positiven Status abgesprochen wird[605]). So ist insbesondere auch bereits richtig erkannt worden, daß sich die Grundrechtsqualität des Art. 1, Abs. 1, S. 2 GG nicht mit dem an sich bestechenden Hinweis auf Art. 1, Abs. 3 GG verneinen läßt[606]).

Wenn der Verfassungsgeber dort die nachfolgenden Grundrechtssätze zu individuellen Rechten und Ansprüchen aktualisiert, so sagt er damit nichts aus, was einer besonderen Festlegung bedurft hätte. Vielmehr zieht er insoweit aus Art. 1, Abs. 1 GG nur eine Folgerung[607]), die auch ohne diese Klarstellung bereits aus seiner Grundentscheidung für den Primat des Menschen[608]) gezogen werden müßte. Denn „gerade die vorbehaltlose Anerkennung der Würde der menschlichen Persönlichkeit bedeutet notwendig auch die Anerkennung des Menschen als oberstes Rechtssubjekt“[609]). In diesem Sinne enthält Art. 1, Abs. 3 GG in der Tat „nur eine konkretere Wiederholung des Art. 1, Abs. 1, S. 2 GG“[610]).

Ergibt sich aber schon aus der staatlichen Verpflichtung, die Menschenwürde zu achten und zu schützen, die subjektive Berechtigung des Einzelnen, die Beachtung der aus dieser Verpflichtung erwachsenden Gebote und Verbote verlangen zu dürfen[611]), so wäre es abwegig, annehmen zu wollen, der Verfassungsgeber entziehe in Art. 1, Abs. 3 GG dem Grundrechtsträger wieder jene Rechtsmacht, die er ihm zuvor in Art. 1, Abs. 1, S. 2 GG erkennbar verliehen hat.

---

603) So Maunz-Dürig, Art. 1, Abs. 1 GG, Randnr. 16, b).
604) Wintrich, Problematik, S. 10.
605) So insbesondere Nipperdey, S. 11 ff., Löw, Würde, S. 517 ff., Künkele, S. 37 ff., Räth, S. 51 ff., sowie Hamann, Kommentar, Art. 1 GG, B.
606) Vgl. etwa Löw, a. a. O., und Künkele, S. 38 ff.
607) So auch Künkele, S. 41.
608) Vgl. dazu Jahrreiss, Herrschaft, S. 4 ff.
609) Löw, Grundrechtsbegriff, S. 128. So auch bereits Jellinek, G., System, S. 82: „Ein Wesen wird zur Persönlichkeit, zum Rechtssubjekt erhoben in erster Linie dadurch, daß der Staat ihm die Fähigkeit zuerkennt, seinen Rechtsschutz wirksam anzurufen.“
610) Nipperdey, S. 13. Ebenso Löw, Würde, S. 517 f.
611) Vgl. dazu o. S. 58 ff.

Da Art. 1, Abs. 3 GG die nachfolgenden Grundrechtssätze zunächst einmal für bindendes objektives Verfassungsrecht erklärt und sich auch mit dieser Aussage nicht auf Art. 1, Abs. 1 GG erstreckt, ließe sich mit gleichem Recht behaupten, die staatliche Achtungs- und Schutzpflicht gegenüber der Würde des Menschen sei nicht geltendes Recht[612]). Diese Auffassung wird denn auch von der herrschenden Lehre selbst nicht vertreten, sie bejaht vielmehr die objektiv-rechtliche Verpflichtungswirkung des Art. 1, Abs. 1 GG, indem sie ihn insoweit losgelöst von anderen Verfassungsbestimmungen zutreffend aus sich selbst heraus interpretiert[613]). Eine solche „isolierte" Auslegung[614]) ist im Falle des Art. 1, Abs. 1 GG ausnahmsweise deshalb geboten, weil es sich hier um die Basisnorm der Verfassung überhaupt handelt, die sich als solche nicht in Widerspruch zu den übrigen Bestimmungen setzen kann.

Schon aus diesem Grunde kann auch aus Art. 79, Abs. 3 GG, der in Zusammenhang mit Art. 1 GG von Grundsätzen spricht, nichts für die herrschende Auffassung hergeleitet werden, die dem Einzelnen aus dem Satz von der Menschenwürde nur einen Rechtsreflex zubilligt. Abgesehen davon, daß die von Art. 79, Abs. 3 GG erfaßten Normen im Hinblick auf ihre Verschiedenartigkeit rein gesetzestechnisch nur durch einen Oberbegriff erfaßt werden konnten[615]), ließe sich dem allzu formalen Einwand aus dieser Bestimmung mit gleichem Recht Art. 142 GG entgegenhalten, wo von Art. 1 GG erstmalig als einem G r u n d r e c h t die Rede ist. Auch der Wortlaut der Verfassung bestätigt jedenfalls insoweit das auf Grund sinn- und zweckgerichteter Auslegung gewonnene Ergebnis, wonach „aus Art. 1, Abs. 1 grundsätzlich ein subjektiv öffentliches und privates Recht abzuleiten ist, das seinem Inhalt und Umfang nach durch den objektiven Rechtssatz des Art. 1, Abs. 1 des Grundgesetzes bestimmt wird"[616]).

„Von dieser Folgerung kann nur unter der Voraussetzung abgesehen werden, wenn Art. 2, Abs. 1 zur Grundlage eines solchen subjektiven Rechts genommen wird, das den Inhalt des Art. 1, Abs. 1 in vollem Umfang in sich aufnimmt"[617]). Da aber das Recht auf freie Persönlichkeitsentfaltung als reines Abwehrrecht nur den negativen Status des Menschen zu schützen vermag[618]), kann es den positiven Gebotsgehalt des Art. 1, Abs. 1, S. 2 GG nicht in sich aufnehmen und

612) Ebenso Löw, Würde, S. 517.
613) Vgl. o. S. 59. A. A. lediglich Wertenbruch, S. 30.
614) Vgl. dazu Hamann, Kommentar, Einf. I E.
615) So bereits Künkele, S. 42.
616) Wintrich, Problematik, S. 31 f.
617) A. a. O., S. 32.
618) So auch Löw, Würde, S. 520. Vgl. dazu auch Maunz-Dürig, Art. 2, Abs. 1 GG, Randnr. 25, IV. 1.

darum „weder die Grundlage noch der Auffangtatbestand für Grundrechte des status positivus sein“[619]).

Unbenannte Leistungsansprüche des sozialen Status ließen sich allenfalls auch noch aus dem Sozialauftrag der Art. 20 und 28 GG herleiten[620]), bei der Begründung anderer positiver Statusrechte, die Ansprüche auf Vornahme staatlicher Handlungen zum tätigen Schutz bestimmter Persönlichkeitsgüter verleihen, müssen sie jedoch thematisch ebenso versagen wie die überwiegend auf Unterlassen abzielenden Freiheitsgrundrechte[621]).

Die sich hieraus ergebende Wertschutzlücke vermag nur die zum positiven Tun des Schützens verpflichtende Gebotsnorm des Art. 1, Abs. 1, S. 2 GG auszufüllen. Sie m u ß diese lückenfüllende Funktion ausüben, weil der absolute Wert- und Achtungsanspruch des Menschen, der seine Würde ausmacht, positiv-rechtlich nicht nur insoweit geschützt ist, als er im Katalog der nachfolgenden Grundrechte gegen staatliche und außerstaatliche Verletzungen abgeschirmt wird[622]). Denn er „läßt sich nicht ‚teilen‘ in dem Sinne, daß seine Verletzung infolge Schweigens des Grundrechtskataloges bewußt gestattet wird, weil sich das positive Verfassungsrecht nicht durch bewußte Lückenhaftigkeit im Schutz von Art. 1 I mit dem obersten Konstitutionsprinzip unserer Rechtsordnung in Widerspruch setzen konnte“[623]).

Im Bereich des negativen Status mag die Ausgestaltung des Art. 1, Abs. 1, S. 2 GG zu einem subjektiv-öffentlichen Recht allenfalls noch entbehrt werden können, da der Verfassungsgeber die staatliche Achtungspflicht als Basisnorm für alle grundrechtlichen Unterlassungspflichten in den speziellen Freiheitsrechten sowie in dem als Auffangrecht für unbenannte Einzelfreiheiten dienenden Hauptfreiheitsrecht des Art. 2, Abs. 1 GG[624]) lückenlos aufgespalten und konkretisiert hat. Insoweit erscheint ein Rückgriff auf den negatorischen Gesamtanspruch des Art. 1, Abs. 1, S. 2 GG, in dem alle Abwehrrechte wurzeln, in der Tat entbehrlich[625]). Die aus der Gebotsnorm der staatlichen Schutzverpflichtung hervorgehenden Rechte des positiven Status konnte der Verfassungsgeber dagegen unmöglich in konkrete Einzelansprüche aufgliedern und spezialisieren. Die mannigfachen Verletzungsvorgänge nämlich, die den modernen Menschen in einer sich fortschreitend technisierenden Umwelt entpersönlichen und zu einem bloßen Objekt staatlicher oder gesellschaftlicher Mächte herabwürdigen[626]) und die der Staat durch tätiges Handeln abzuweh-

---

619) Löw, a. a. O.
620) Hierfür Maunz-Dürig, Art. 1, Abs. 1 GG, Randnr. 13, Fußnote 1.
621) Vgl. dazu o. S. 47 ff. u. S. 53 ff.
622) Ebenso Räth, S. 58 f., und Löw, Würde, S. 520.
623) Maunz-Dürig, Art. 1, Abs. 2 GG, Randnr. 86 f.
624) Vgl. dazu a. a. O., Art. 2, Abs. 1 GG, Randnr. 6 ff.
625) Insoweit zutreffend a. a. O., Art. 1, Abs. 1 GG, Randnr. 13.
626) Vgl. dazu a. a. O., Randnr. 28 ff.

ren hat, vermochte er naturgemäß weder vorauszusehen noch überhaupt durch einzelfallmäßig bestimmte Handlungspflichten erschöpfend zu erfassen[627]).

Diese „immanente Unzulänglichkeit jeder Enumeration"[628]) kennzeichnet damit aber das materielle Grundrechtssystem zumindest insoweit als notwendig lückenhaft, als der positive Status des Menschen in Frage steht. Die Ausgestaltung des Art. 1, Abs. 1, S. 2 GG zu einem subjektiven Rechtsanspruch auf ein der objektiven Schutzpflicht entsprechendes staatliches Handeln ist daher keinesfalls entbehrlich[629]). Sie ist vielmehr ein unverzichtbares Erfordernis jenes allseitigen Individualrechtsschutzes, den der Verfassungsgeber selbst in materiell-rechtlicher Hinsicht in Art. 1, Abs. 1 GG und in verfahrensrechtlicher Hinsicht in Art. 19, Abs. 4 GG als l ü c k e n l o s voraussetzt[630]).

Daß die subjektive Grundrechtsqualität des Art. 1, Abs. 1, S. 2 GG keine „Unterbewertung"[631]) jener höchstrangigen Norm der geltenden Verfassung darstellen kann, sollte selbstverständlich sein. Denn „je höher der Rang eines Rechtsgutes in der Hierarchie der Verfassungswerte, umso mehr muß nach dem Willen der Verfassung die praktische Wertverwirklichung garantiert werden"[632]). Der überragenden Bedeutung des Art. 1, Abs. 1, S. 2 GG vermag aber nicht diejenige Auffassung gerecht zu werden, die ihn seiner Schutzfunktion in der Weise beraubt, daß sie dem Einzelnen nur einen objektiven Rechtsreflex zubilligt und ihn dadurch gleichsam in die Rolle eines Nutznießers der objektiven Norm zurückdrängt[633]), sondern einzig und allein die Auslegung, die den Menschen als Träger des obersten Verfassungswertes auch für berufen hält, seine Lebensgüter durch Anrufung der staatlichen Rechtsschutzorgane s e l b s t zu verteidigen[634]).

Wenn schon die meisten Normen des Grundrechtekatalogs auch ohne die Aussage des Art. 1, Abs. 3 GG subjektive Rechte deshalb begründen, weil sie als konkrete und spezielle Umschreibungen des Art. 1, Abs. 1 GG[635]) Ausfluß der in seiner Würde mitangelegten

---

627) So auch Löw, Würde, S. 529 l.

628) A. a. O. Vgl. auch Bonner Kommentar/Wernicke, Art. 1 GG, II 2 c.

629) Insoweit unrichtig daher Maunz-Dürig, Art. 1, Abs. 1 GG, Randnr. 13.

630) Vgl. a. a. O., Art. 19, Abs. 4 GG, Randnr. 1.

631) Wertenbruch, S. 31.

632) Löw, Würde, S. 520 l.

633) Vgl. dazu BVerfG, NJW, 1957, S. 1065 l. (Beschl. v. 7. 5. 1957 — 1 BvR 289/56).

634) Ebenso Künkele, S. 45 f.

635) Vgl. dazu v. Hippel, Naturrecht, S. 364, Geiger, Kommentar, Vorbem. 2 vor § 36 BVerfGG, sowie Wintrich, Problematik, S. 19: „Art. 1, Abs. 1 ist die Grundnorm, aus der sowohl die Freiheitsrechte als auch die sozialen Grundrechte hervorgehen".

Rechtssubjektivität des Menschen sind, dann müssen jene Gebote und Verbote, die sich unmittelbar aus dem „materiellen Hauptgrundrecht“[636] selbst ergeben, klagbare Ansprüche ebenso gewähren wie die nicht abschließend aufgezählten Grundrechtssätze, die sich zu Art. 1, Abs. 1 GG nur verhalten wie Teile zum Ganzen[637]).

Es muß deshalb daran festgehalten werden, daß die Pflicht des Staates zur Achtung und zum Schutz der Menschenwürde dem Einzelnen ein vollziehbares Individualrecht auf ein der objektiven Norm entsprechendes passives oder aktives Verhalten verleiht, soweit sie sich im Einzelfall zu konkreten Unterlassungs- oder Handlungspflichten konkretisiert[638]). Da dieses Individualrecht als solches den Rechtsschutz der §§ 90 ff. BVerfGG genießt[639]), kann Art. 1, Abs. 1, S. 2 GG folgerichtig auch die Grundlage für einen mit der Verfassungsbeschwerde verfolgbaren Rechtsanspruch auf Erlaß neuer und zusätzlicher Gesetzesnormen bilden[640]).

Daraus folgt, daß eine auf Art. 1, Abs. 1, S. 2 GG gestützte Unterlassungsrüge nicht mit der Begründung als unzulässig verworfen werden könnte, die darin enthaltene Rechtsetzungspflicht[641]) sei nur ein Handlungsauftrag des objektiven Verfassungsrechts, dem ein korrespondierendes subjektives Recht des Beschwerdeführers nicht gegenüberstehe. Denn auch Art. 1, Abs. 1, S. 2 GG bindet die Legislative in der Vornahme bestimmter Gesetzesakte primär nicht der Allgemeinheit, sondern dem durch eine Unterlassung des Gesetzgebers in seinem Personwert Betroffenen gegenüber, dem darum als Träger des geschützten Gutes eine klagbare Anspruchsberechtigung auf ein Handeln des Gesetzgebers zugebilligt werden muß.

B. Das Erfordernis der eigenen und gegenwärtigen Unterlassungsbeschwer

Neben der Behauptung eines subjektiven Rechts auf Erfüllung eines konkreten Gesetzgebungsauftrages des Grundrechtekatalogs gehört zu den prozessualen Voraussetzungen einer Unterlassungsrüge weiter die Darlegung, daß der Beschwerdeführer durch die Nichtvornahme der gebotenen Rechtsetzung selbst und gegenwärtig in der von ihm angeführten Grundrechtsnorm betroffen ist. Dieses Erfordernis, von dessen Vorliegen das Bundesverfassungsgericht in feststehender Rechtsprechung die Zulässigkeit der Anfechtung er-

---

636) Nipperdey, S. 13.

637) So auch Löw, Grundrechtsbegriff, S. 128 f.

638) Ebenso Nipperdey, S. 13 und S. 33, sowie Hamann, Kommentar, Art. 1 GG, B.

639) Ebenso Nipperdey, a. a. O., und Hamann, a. a. O.

640) Vgl. Lechner, Zulässigkeit, S. 1818 l.: „nicht logisch ausgeschlossen“. A. A. Pfeiffer, S. 12: „zweifelhaft“.

641) Vgl. o. S. 51 ff. und S. 58 ff.

lassener Gesetze abhängig gemacht hat[642]), stellt im Grunde nur eine spezielle Umschreibung des Rechtsschutzinteresses dar, das der Beschwerdeführer an der Erhebung einer Verfassungsbeschwerde stets haben muß. Schon aus diesem Grunde gilt es als allgemeine Zulässigkeitsbedingung gleichermaßen auch für die Behauptung der Verfassungswidrigkeit einer gesetzgeberischen Unterlassung.

Die Voraussetzung der eigenen Grundrechtsbeschwer wird zudem in § 90, Abs. 1 BVerfGG ausdrücklich aufgestellt, der verlangt, daß der Beschwerdeführer in einem s e i n e r Grundrechte verletzt ist. Er schließt mit dieser Formulierung — wie bereits oben ausgeführt — die sog. Popularklage aus, die zur Wahrnehmung der Rechte Dritter und unabhängig von einer eigenen Beschwer des Klägers erhoben werden kann[643]). Auch eine Unterlassungsrüge kann darum nur zulässig sein, wenn sie von einem Beschwerdeführer eingelegt wird, der demjenigen Personenkreis angehört, der durch den Erlaß des grundrechtlich versprochenen Gesetzgebungsaktes begünstigt werden soll.

In diesem Sinne steht die Beschwerdebefugnis z. B. im Falle des Art. 6, Abs. 4 GG[644]) niemand anders zu als einer (ehelichen oder unehelichen) Mutter und im Falle des Art. 6, Abs. 5 GG[645]) nur einem unehelichen Kinde. Die Rüge einer durch Unterlassen begangenen Verletzung des Gleichheitssatzes[646]) kann nur erheben, wer behauptet, dem Personenkreis anzugehören, den der Gesetzgeber nach Meinung des Beschwerdeführers bei Beachtung des Gebotes gleicher Rechtsetzung in eine begünstigende Regelung hätte einbeziehen müssen.

Greift die Nichterfüllung derjenigen Handlungspflicht, auf deren Verletzung die Verfassungsbeschwerde gestützt wird, in die eigenen Rechte des Antragstellers ein, so kann seine Rüge gleichwohl unzulässig sein. Dies ist der Fall, wenn die gesetzgeberische Unterlassung ihn zwar selbst, nicht aber gegenwärtig beschwert, sondern potentiell irgendwann einmal in der Zukunft. So wird ein uneheliches Kind durch das Ausbleiben des Gleichstellungsgesetzes gemäß Art. 6, Abs. 5 GG in seinem hierauf gerichteten Grundrecht gegenwärtig nur dann betroffen, wenn eine Bestimmung des geltenden Unehelichenrechts, die eine ungleiche Bedingung im Sinne des Art. 6, Abs. 5 GG enthält, bereits jetzt und nicht erst künftig Anwendung findet. Nur wenn diese Voraussetzung erfüllt ist, kann seine Unterlassungsbeschwerde bei Fehlen anderer prozessualer Mängel zur Zulässigkeit führen. Sie müßte umgekehrt als unzulässig verworfen werden, wenn

642) Vgl. BVerfGE, Bd. 1, S. 101 (Beschl. v. 19. 12. 1952 — 1 BvR 220/51) = NJW, 1952, S. 297 r. Vgl. hierzu des näheren Pfeiffer, S. 13 ff.

643) Vgl. o. S. 99.

644) Vgl. dazu o. S. 89.

645) Vgl. dazu o. S. 93 ff.

646) Vgl. dazu o. S. 66 ff.

sie etwa vor Erreichung der in § 1708 BGB genannten Altersgrenze feststellen lassen wollte, daß der Gesetzgeber verfassungswidrig handle, wenn er es unterlasse, den Unterhaltsanspruch des unehelichen Kindes dem des ehelichen gleichzustellen. Denn gegenwärtig betroffen, d. h. benachteiligt im Sinne des Art. 6, Abs. 5 GG, ist das uneheliche Kind erst nach seinem 16. Lebensjahr, weil es im Gegensatz zur Rechtsstellung des ehelichen Kindes erst zu diesem Zeitpunkt seinen Unterhaltsanspruch gegen den Vater verliert.

Im allgemeinen werden freilich die Fälle, in denen eine gegen den Gesetzgeber gerichtete Unterlassungsbeschwerde mangels gegenwärtiger Rechtsverletzung als unzulässig verworfen werden muß, auf seltene Ausnahmen beschränkt bleiben. In der Regel nämlich wird gerade umgekehrt das Vorliegen einer gegenwärtigen Unterlassungsbeschwer zur Entstehung der grundrechtlichen Gesetzgebungspflicht führen. So ist etwa die aktuelle Schutzbedürftigkeit des Beschwerdeführers bereits Voraussetzung dafür, daß sich die staatliche Schutzpflicht gegenüber der Würde des Menschen (Art. 1, Abs. 1, S. 2 GG), gegenüber Ehe und Familie (Art. 6, Abs. 1 GG) oder gegenüber der Mutterschaft der Frau (Art. 6, Abs. 4 GG) zu konkreten Handlungspflichten der Legislative verdichtet. Deshalb wird im Regelfall bei Bestehen eines verfassungsrechtlichen Gesetzgebungszwanges eine Vermutung dafür sprechen, daß der von der Untätigkeit des Gesetzgebers betroffene Personenkreis nicht erst „virtuell" und künftig, sondern bereits gegenwärtig und aktuell grundrechtswidrig beschwert ist.

C. Der Wegfall des Erfordernisses der Rechtswegerschöpfung (§ 90, Abs. 2, S. 1 BVerfGG)

Ist der Beschwerdeführer dadurch, daß der Gesetzgeber der ihm obliegenden Rechtsetzungspflicht in angemessener Frist nicht nachkommt, selbst und gegenwärtig in dem von ihm benannten Grundrecht verletzt, so ist er gemäß § 90, Abs. 1 BVerfGG befugt, diese Grundrechtsverletzung unmittelbar vor dem Bundesverfassungsgericht zu rügen.

Wenn § 90, Abs. 2, S. 1 BVerfGG die Zulässigkeit der Verfassungsbeschwerde davon abhängig macht, daß der Beschwerdeführer zuvor den nach Maßgabe des angefochtenen Verhaltens in Frage kommenden Rechtsweg erschöpft hat, so nur unter der geschriebenen Voraussetzung, daß ein solcher Weg überhaupt zulässig, d. h. gegeben ist[647]). Steht dem Beschwerdeführer nach dem einschlägigen Verfahrensgesetz gegen ein grundrechtsverletzendes Tun oder Unterlassen der öffentlichen Gewalt ein Rechtsmittel nicht zur Verfügung,

---

[647]) So auch Pfeiffer, S. 29 f.

so ist der Grundsatz der Subsidiarität der Verfassungsbeschwerde[648]) zugunsten eines sofortigen Beschwerderechts durchbrochen. Das Bundesverfassungsgericht hat darum in ständiger Rechtsprechung die Verfassungsbeschwerde gegen formelle und materielle Gesetze, gegen die ein Rechtsweg im Sinne des § 90, Abs. 2, S. 1 BVerfGG nicht eröffnet ist[649]), ohne vorherige Erschöpfung des Instanzenzuges zugelassen, sofern nur der Antragsteller durch die angegriffene Norm unmittelbar und nicht erst durch einen auf ihrer Grundlage ergangenen Vollziehungsakt (Steuer- oder Enteignungsbescheid) betroffen ist[650]).

Da aber das geltende Recht ein spezielles Rechtsmittel gegenüber der Grundrechtswidrigkeit eines unterlassenen Rechtsetzungsaktes ebensowenig kennt wie gegen ein erlassenes Gesetz, kann der allgemeinen Prozeßvoraussetzung des § 90, Abs. 2, S. 1 BVerfGG auch für die Rüge einer verfassungswidrigen Unterlassung des Gesetzgebers keine Bedeutung zukommen. Kein ordentliches Gericht wäre nämlich — wie das Bundesverfassungsgericht bereits selbst ausgeführt hat — etwa befugt, der rechtlichen Beschwer eines Beamten, der durch die Unterlassung einer angemessenen gesetzlichen Besoldungsregelung in seinem hierauf gerichteten Individualrecht aus Art. 33, Abs. 5 GG verletzt ist, dadurch abzuhelfen, daß es ihm ein gesetzlich nicht geregeltes Gehalt zuspricht[651]). Es könnte dem Beschwerdeführer weder den gesetzlichen Richter im Sinne des Art. 101, Abs. 1, S. 2 GG gewähren, den der Gesetzgeber durch Schaffung rechtssatzmäßiger Zuständigkeitsregeln zu gewähren versäumt hat, noch dem unehelichen Kinde „gleiche Bedingungen" im Sinne des Art. 6, Abs. 5 GG verschaffen[652]).

„Auch das Bundesverfassungsgericht ist freilich nicht befugt, z. B. Beamtengehälter außerhalb der generellen gesetzlichen Regelung für den Einzelfall festzulegen"[653]) oder etwa eine steuerliche Begünstigungsnorm auf einen von ihr nicht erfaßten Personenkreis zu erstrecken[654]). Es kann jedoch die Verfassungswidrigkeit der gesetzgeberischen Unterlassung entweder feststellen oder der hiergegen gerichteten Rüge zumindest dadurch den Boden entziehen, daß es ein bestehendes Gesetz, etwa eine gleichheitswidrige Teilregelung[655])

---

648) Vgl. dazu a. a. O., S. 28 ff.

649) Ebenso Lechner, Kommentar, § 90, Abs. 2 BVerfGG, 1 a), sowie Geiger, Kommentar, § 90 BVerfGG, 7.

650) Vgl. dazu Pfeiffer, S. 14 f.

651) BVerfG, NJW, 1958, S. 1230 l. (Beschl. v. 11. 6. 1958 — 1 BvR 1/52, 46/52).

652) Vgl. dazu o. S. 78 ff.

653) BVerfG, NJW, 1958, S. 1230 r.

654) Vgl. dazu o. S. 72 ff.

655) Vgl. dazu o. S. 73 ff.

oder eine Bestimmung des geltenden Unehelichenrechts[656]) für nichtig erklärt.

Eine solche Entscheidung, die der Beschwer dessen, der sich durch Untätigkeit des Gesetzgebers in einem seiner Grundrechte verletzt fühlt, allein abhelfen könnte, vermag der Betroffene durch Beschreitung des Rechtsweges vor den ordentlichen, den Verwaltungs-, Finanz-, Arbeits- oder den Sozialgerichten nicht zu erhalten. Denn diese Gerichtsbarkeiten sind im Hinblick auf das durch Art. 100 GG beim Bundesverfassungsgericht konzentrierte sog. negative Entscheidungsmonopol nicht befugt, einer in formeller Kraft stehenden Gesetzesnorm die Anerkennung zu versagen[657]). Sie können zwar im Rahmen eines auf den Ausspruch anderweitiger Rechtsfolgen gerichteten Rechtsschutzbegehrens incidenter feststellen, daß der Gesetzgeber durch Unterlassen ein Grundrecht des Klägers verletzt habe, eine solche Möglichkeit stellt jedoch nach einmütiger Auffassung kein Rechtsweg im Sinne des § 90, Abs. 2, S. 1 BVerfGG dar[658]). Als Rechtsweg im Sinne dieser Bestimmung „kommen nur solche gerichtliche Verfahren in Betracht, in denen die Vernichtung, Aufhebung oder Feststellung der Rechtswidrigkeit der das Grundrecht verletzenden Maßnahme der öffentlichen Gewalt Streitgegenstand ist, darüber also als Hauptsache und nicht nur incidenter entschieden wird“[659]).

Die Frage der Verfassungswidrigkeit einer gesetzgeberischen Unterlassung kann jedoch bei Vermeidung einer Abweisung durch Prozeßurteil niemals zum ursprünglichen und alleinigen Streitgegenstand einer Klage vor den ordentlichen, den Verwaltungs-, Finanz-, Arbeits- oder den Sozialgerichten gemacht werden. Sie kann von jenen Gerichten ebenso wie andere verfassungsrechtliche Fragen, die für die Entscheidung eines anhängigen Rechtsstreites vorgreiflich (präjudiziell) sind, stets nur als sog. Vorfrage, niemals aber als Hauptsache geprüft und entschieden werden. Hierzu ist allein das Bundesverfassungsgericht befugt, das folglich ohne vorherige Erschöpfung des gegenüber grundrechtswidrigen Unterlassungen des Gesetzgebers nicht zulässigen Rechtsweges vom Beschwerdeführer unmittelbar angerufen werden kann. Seine durch § 90, Abs. 1 BVerfGG begründete Zuständigkeit ist damit eine ausschließliche Zuständigkeit, soweit eine Grundrechtsverletzung in einer Unterlassung des parlamentarischen Gesetzgebers besteht.

---

656) Vgl. dazu o. S. 80 f.
657) Vgl. dazu Pfeiffer, S. 298 ff.
658) Vgl. etwa Geiger, Kommentar, § 90 BVerfGG, 7, und Pfeiffer, S. 30.
659) Geiger, a. a. O.

D. Der Wegfall des Erfordernisses der Fristwahrung (§ 93 BVerfGG)

Für die Anfechtung gerichtlicher Entscheidungen, von Verwaltungsakten oder Gesetzen sieht § 93 BVerfGG bestimmte Fristen vor, von deren Einhaltung § 24 BVerfGG die Zulässigkeit der Verfassungsbeschwerde abhängig nacht[660]). Sie verlieren jedoch — was einer näheren Darlegung nicht bedarf — ihre Bedeutung als allgemeine Prozeßvoraussetzungen naturgemäß stets dann, wenn der Beschwerdeführer sich nicht gegen einen positiven Akt der öffentlichen Gewalt wendet, sondern umgekehrt gegen ein verfassungswidriges Unterlassen. Denn wie das Bundesverfassungsgericht zutreffend festgestellt hat, wirkt die Grundrechtswidrigkeit dieser Unterlassung ständig fort, so daß es hier kaum möglich wäre, einen Zeitpunkt für den Beginn der Rechtsmittelfrist festzulegen[661]). Angesichts dieser Dauerwirkung der durch Untätigkeit begangenen Grundrechtsverletzung ist die hiergegen gerichtete Verfassungsbeschwerde darum ohne Beachtung der in § 93 BVerfGG genannten Fristen solange zulässig, bis der Gesetzgeber den gebotenen Rechtsetzungsakt, dessen Unterlassung die individuelle Rechtsverletzung begründet, vorgenommen hat.

Rügt der Beschwerdeführer, der Gesetzgeber habe unter Verstoß gegen Art. 3 GG ihn bei der Zuerkennung von Rechtsansprüchen in einem Gesetz übergangen[662]), so ist auch eine solche Rüge noch nach Ablauf eines Jahres seit Inkrafttreten dieses Gesetzes zulässig. An die Frist des § 93, Abs. 2 BVerfGG ist sie nicht gebunden, weil — wie oben des näheren ausgeführt — die Verfassungsbeschwerde in den genannten Fällen sich nicht „gegen ein Gesetz" richtet (§ 93, Abs. 2 BVerfGG), sondern gegen die von der positiven Teilregelung unabhängige Unterlassung[663]). Die fortwirkende rechtliche Beschwer dieser relativen Unterlassung kann darum in zulässiger Weise ebenso wie die durch die Nichterfüllung absoluter Gesetzgebungspflichten verursachte Grundrechtsverletzung ohne Befristung *jederzeit* gerügt werden.

ZUSAMMENFASSUNG

Als ausschließlicher Rechtsbehelf verwirklicht die Verfassungbeschwerde der §§ 90 ff. BVerfGG jenen Rechtsschutz, den das Grundgesetz dem Einzelnen in Art. 19, Abs. 4 mit Verfassungskraft auch gegenüber solchen Grundrechtsverletzungen garantiert, die der demokratische Gesetzgeber durch bloße Untätigkeit begeht.

---

660) Vgl. dazu Pfeiffer, S. 43 ff.

661) BVerfGE, Bd. 6, S. 266 (Beschl. v. 20. 2. 1957 — 1 BvR 441/53) = NJW, 1957, S. 584 r.

662) Vgl. dazu o. S. 66 ff.

663) Vgl. dazu o. S. 67 ff.

Durch ihre prozessuale Zulassung zur Durchsetzung der im Grundrechtekatalog enthaltenen Rechtsetzungspflichten überschreitet die Verfassungsgerichtsbarkeit nicht diejenigen Grenzen, die ihr in einer gewaltenteilenden Demokratie der Legislative gegenüber gezogen sind. Denn „ein unmittelbar gestaltender Eingriff der Rechtsprechung in die Gesetzgebung, wie er mit dem Ausspruch der Verpflichtung des Gesetzgebers zum Erlaß eines ergänzenden Gesetzes verbunden wäre, ist in § 95 mit Recht ausgeschlossen worden“[664]). Die Feststellung der Verfassungswidrigkeit einer gesetzgeberischen Unterlassung aber, die als Inhalt einer stattgebenden Entscheidung allein in Betracht kommt, löst keine solche „Verschiebung der staatlichen Zuständigkeiten aus“[665]), sondern spricht in Anwendung einer justiziablen Verfassungsnorm nur aus, was geltenden Rechts ist.

Von einem Übergriff der dritten Gewalt in den Funktionsbereich der einfachen Gesetzgebung, der die Zulässigkeit einer gegen den Gesetzgeber gerichteten Unterlassungsbeschwerde in Frage stellen müßte, könnte nur dann die Rede sein, wenn diejenigen Grundrechtsnormen, die den Gesetzgeber in der Vornahme eines bestimmten Rechtsetzungsaktes binden, als p o l i t i s c h e Richtlinien ohne normativen Rechtscharakter angesehen werden müßten. Da aber eine solche Abwertung grundrechtlicher Gebotsbefehle — wie im Verlaufe der Untersuchung deutlich geworden ist — eine Abwertung des Willens des Verfassungsgebers darstellen würde, setzt sich das Bundesverfassungsgericht keineswegs „an die Stelle des Gesetzgebers“[666]), sondern wahrt durchaus das Kriterium seiner rechtsprechenden Tätigkeit, indem es die Loyalität einer legislatorischen Unterlassung anhand einer bestehenden Verfassungsnorm überprüft. Es erfüllt damit zugleich die spezifische Aufgabe der Verfassungsgerichtsbarkeit, der es obliegt, die Einhaltung der Verfassung durch den Gesetzgeber ohne Rücksicht darauf zu überwachen, ob sie der rechtsetzenden Staatsgewalt ein bestimmtes Handeln verbietet oder gebietet.

Die Feststellung der Verfassungswidrigkeit einer gesetzgeberischen Unterlassung schließt zudem auch einen subjektiven Schuldvorwurf gegenüber den säumigen Gesetzgebungsorganen nicht ein[667]). Die parlamentarischen Körperschaften können die Nichtvornahme der gebotenen Handlung zwar gewollt haben, der auf Nichtbetätigung gerichtete Unterlassungswille gehört jedoch nicht zum Wesen der Unterlassung im Rechtssinne, sondern zum Begriff der Schuld, der dem Verfassungsrecht in aller Regel fremd ist. Es knüpft seine

---

[664]) Lechner, Zulässigkeit, S. 1819 r.

[665]) So aber fälschlich noch BVerfG, NJW, 1952, S. 297 r. (Beschl. v. 19. 12. 1951 — 1 BvR 220/51).

[666]) a. a. O., S. 297 l.

[667]) Vgl. dazu etwa BGHZ, Bd. 13, S. 311 (Beschl. v. 20. 5. 1954 — GSZ 6/53) = NJW, 1954, S. 1079 r., sowie Hamann, Willkür, durchgehend.

Rechtsfolgen bereits an die objektive Pflichtwidrigkeit eines organschaftlichen Verhaltens und unterwirft den objektiven Normverstoß ohne Feststellung einer persönlichen Zurechenbarkeit der verfassungsgerichtlichen Kontrolle.

Eine zunehmende „Motorisierung des Gesetzgebers"[668]) im Sinne einer verstärkten Gesetzesinflation[669])ist von der Zulassung der Verfassungsbeschwerde gegenüber Unterlassungen des Gesetzgebers nicht zu befürchten. Denn einmal besagt die zuvor nachgewiesene Zulässigkeit einer solchen Unterlassungsrüge noch nichts über ihre sachliche Begründetheit. Ihr Erfolg wird zur Zahl der erhobenen Unterlassungsbeschwerden aller Voraussicht nach im gleichen umgekehrten Verhältnis stehen wie die Zahl aller übrigen bisher eingelegten Verfassungsbeschwerden zu denjenigen, die zu einer stattgebenden Entscheidung geführt haben[670]). Dies schon deshalb, weil diejenigen Grundrechtsnormen, die dem Gesetzgeber ein Unterlassen zur Pflicht machen, weitaus zahlreicher sind als die seltenen Gebotsbefehle, die ihm ein positives Handeln in Gestalt eines bestimmten Gesetzes auferlegen.

Im übrigen aber hat die Furcht vor einer weiteren Vermehrung der ohnehin schon ins Unübersehbare gestiegenen Normenproduktion überhaupt nur das Gewicht und den Wert einer rechtspolitischen Erwägung. Als solche könnte sie die Zulässigkeit einer gegen den Gesetzgeber gerichteten Unterlassungsbeschwerde, die allein unter rechtlichen Gesichtspunkten gewürdigt und — wie die vorangegangene Untersuchung ergeben hat — unter diesen Gesichtspunkten bejaht werden muß[671]), keinesfalls in Frage stellen. Dies umso weniger, als es auch im Zeichen des Sozialstaats weniger die Verfassung ist, die zu einer „Hypertrophie der Gesetze"[672]) zwingt als der perfektionistische Eifer der Parlamente, „ephemere und selbst nachgeordnete Probleme durch Gesetz zu regeln"[673]) und insbesondere Aufgaben wahrzunehmen, die an sich in den Bereich der Verwaltung gehören[674]).

Es muß deshalb auch gegenüber dem naheliegenden Einwand einer zunehmenden Gesetzesflut daran festgehalten werden, daß mit Hilfe der Verfassungsbeschwerde die Erfüllung der dem Gesetzgeber im Grundrechtekatalog der Verfassung auferlegten Handlungspflichten erzwungen werden kann.

---

668) Kern, S. 92.
669) Vgl. dazu Jahrreiss, Größe, durchgehend.
670) Vgl. dazu Pfeiffer, S. 316 ff.
671) Vgl. auch Pinger, S. 8.
672) Peters, Verwaltungsstaat, S. 33.
673) Kern, S. 92; vgl. dazu auch Jahreiss, Größe, S. 64 ff.
674) Ebenso Peters, Verwaltungsstaat, S. 27 ff.

Ob freilich die nur „moralische Wirkung“[675]) einer verfassungsgerichtlichen Entscheidung, die eine gerügte gesetzgeberische Unterlassung für grundrechtswidrig erklärt, leere Deklamation bleibt oder ob sie die Kraft einer ausreichenden Erfüllungsgarantie zu erlangen vermag, wird die Zukunft erweisen müssen. Die Möglichkeit einer weitergehenden Einwirkung auf den Gesetzgeber steht jedenfalls dem Bundesverfassungsgericht, das nur Recht sprechen, zur Durchsetzung seiner Entscheidungen aber keine Machtmittel einsetzen kann, nicht zur Verfügung[676]). Mehr noch als jeder andere Ausspruch eines Verfassungsgerichts beruht die Feststellung der Verfassungswidrigkeit einer gesetzgeberischen Unterlassung auf der Voraussetzung, daß dieser Ausspruch vom Gesetzgeber loyal beachtet wird. Denn die Verfassungsgerichtsbarkeit „steht in Streitigkeiten der obersten Verfassungsorgane nicht, wie die ordentliche Gerichtsbarkeit, mit der überlegenen Macht des Staates den Parteien des Rechtsstreits gegenüber, sondern hat die Grundlage und Grenzen ihrer Wirksamkeit letztlich in der Idee des Rechts“[677]).

675) BVerfG, NJW, 1957, S. 584 r. (Beschl. v. 20. 2. 1957 — 1 BvR 441/53).

676) So bereits a. a. O.

677) Lechner, Kommentar, Einleitung, B 8.

FSC
www.fsc.org
MIX
Papier | Fördert gute Waldnutzung
FSC® C083411

Kolibri 360 GmbH
Ferdinand-Jühlke-Straße 7
99095 Erfurt, Deutschland
produktsicherheit@kolibri360.de